静夫さんと僕

ナイツ 塙宣之

ギギギギ

徳間書店

静夫さんと僕

はじめに

「のぶたん！」

呼ばれたほうへ振り返ると、ひとりのおじいさんが立っていた。静夫さんだ。

静夫さんは、僕とともに暮らすお義父《とう》さん。僕は今、都内の一軒家に住んでいる。僕の奥さんと3人の子どもたち、そして奥さんの両親と同居する、いわゆる二世帯暮らしだ。

静夫さんは1945（昭和20）年生まれ、奄美出身の77歳。長年、東京で自動車教習所の指導教官や、タクシー運転手をしていた。けれど、数年前に脳梗塞になり、足腰を悪くして糖尿病も患い、今はゆっくり隠居暮らし中。

静夫さんは僕のことを「のぶたん」と呼ぶ。出会って間もない頃は、のぶさんだったけど、いつしかのぶたんに変わった。

公式ブログのタイトル「のぶたんの『ヤホー』で調べました」を見た親戚の誰かが、酔っ払った勢いでふざけて「のぶたん」と呼んだところから取っていると思っていたけど、「のぶさんだと堅苦しいし、親しみをこめて『のぶたん』にしたの。音がかわいくて、気に入ってるんだ」と嬉々《きき》として報告してきた。その笑顔が一点の曇りもなく清々《すがすが》しくて、なるほど……と腹落ちはしなかったけど、そういうことだと呑《の》み込むことにした。

特にトラブルとか、これといった問題はない。至って平和。けれど、静夫さんがとにかく変わっている。変わっているというか、めちゃくちゃ個性的。自分の思ったままに行動する人で予測不能。僕や家族みんなの話をぜんぜん聞かない。聞いてくれない。いや、実際は聞いているんだろうけれど、呑み込んでいないんだと思う。

静夫さんの個性的なところをあげてみよう。

好きなことを話し出すとキリがない。いつまでも、周りに呆《あき》れられても、自分のペースで話し続ける。

四季を通じて、家では下着姿。定番は、股引にランニング。朝から晩まで同じ格好。そのこだわりは、スティーブ・ジョブズのよう。着古しているランニングは、肩口がびよーんとよれている。僕の友だちや仕事の仲間が家に来ても、昔のアニマル浜口よろしくワンショルダースタイルでうろうろ。友だちが「えっ、誰!?」って驚く。そりゃそうだ。また下着姿かと思うと、たまにパリッとスーツを着て出かけていく。どこに行くかなんて告げもしないまま。

性格は頑固。そして、しつこい。言いたいこと、やりたいことを、誰が嫌がろうと決して曲げない。

極め付きは、生活サイクル。まだ日の昇らない早朝にひとり、のそっと起き出す。寝ていないわけではないみたいだけど、いつ眠っているか誰もわからない。

好きなものをあげてみよう。

大自然が大好きで、家の中まで野生の草を摘んで持ち込み、飾る。そして、よく枯らしている。世話もしないで枯らしてしまった雑草を、「かわいい」といって愛《め》でている。あれ、好きなものをあげていくつもりだったのに、また個性的なところをあげてしまった。ここまでの説明だけだと、よく親戚や近所にひとりはいる、迷惑なおじいさんという印象を持たれるかもしれない。


でも、静夫さんは不思議と愛されている。

「ありがとう！」「嬉しい！」が口癖で、他人の悪口を言ったり、若い人に説教したり、年寄りならではの鬱陶《うっとう》しい愚痴をこぼしたりしない。それに、いつも満面の笑みを浮かべている。それがとろけそうなぐらい純粋で罪のない、まっすぐな笑顔ときたもんだ。そんな雰囲気を身に纏《まと》うからか、やらかした数々の事案に対して、僕らは怒るに怒れない。

娘が3人いるけれど（僕の奥さんが長女にあたる）、3人とも静夫さんのことをすごく慕っている。静夫さんの天然ぶりにツッコんだり、たまに強く叱ったり、体調も気づかう。多少の困り事をしでかしても、家族や周りの人たちに「しょうがないねえ」ってひとことで許されてしまう、不思議な魅力を放っている。

もちろん僕も、静夫さんのことが大好き。義理の息子になってから十数年経《た》つけど、一度もケンカをしたことがない。正確に言うと、会話が成立していないので、ケンカができない。ちゃんと話を聞いてくださいよ！　って、一方的に怒ることはあるけど、決定的に「この人のことを嫌いだ！」と感じたことは、まったくない。

理解不能だけど、なんだか魅力的。静夫さんの予想外の行動には、変に感心してしまう。静夫さんが妙な振る舞いや言動をしでかすたびに、今度は何をしでかすのか、飽きずにずっと観察している。

きっと静夫さんの奥さんであるやす子さんからしたら、「しょうがない」では済まされない憤りが、積もり積もっているんだろうけど、僕にとってはひとつのネタとして大変重宝するので、ありがたい存在なのだ。まあ正直なところ、楽しんじゃうしか対処のしようがないんだけど。

僕はやっぱり、変なおじいさんが大好き。変というか、独自の世界観を、曲げずに生きている、そういうおじいさんのえも言われぬパワーに、惹かれてしまう。

漫才協会に入り、副会長を務めるようになってから、その嗜好《しこう》は強くなった。漫才協会には、たくさんの師匠方がいらっしゃって、それはそれはもう個性的で変なおじいさんが多い。

お世話になっていることはもちろん、年季の入った変わり者ぶりを、芸人として心から尊敬すらしている。変なおじいさんの濃ゆい個性は、僕にはきっと獲得できないものだと自覚しているから、強く惹かれているのかもしれない。

静夫さんと一緒に暮らすことで、変なおじいさんへの好奇心が高まるだけではなく、変なおじいさんのトリセツも自然と培われている。漫才協会の数多《あまた》いる個性的なおじいさんたちの取り扱いがちょっとだけ上手《うま》くなったのは、静夫さんと暮らしているお陰かもしれない。

静夫さんの話に、僕の同業者で最初に引っかかってくれたのは、清水ミチコさんだった。

清水さんとは毎週木曜「ラジオビバリー昼ズ」（ニッポン放送）で10年ほど、ご一緒している。放送開始まで、清水さんと他愛もない雑談をしているとき「いや、こないだお義父さんがね……」「静夫さんが、また変なことしてたんですよ」などと、家での出来事を話すと、異様に笑ってくださる。それはもう部屋が揺れるんじゃないかと思うほどの大きな笑い声で「静夫さん、最高！」と喜んでくださる。僕の方は何が面白いのか、日常生活をただ報告しているだけなのに、と、そのときは、なぜ笑ってくださるのかよくわからなかった。

あるときから、清水さんのほうから「静夫さんの話、何かない？」と振ってくださるようになった。静夫さんファン第一号である清水さんとの雑談だけではなく、放送本編のトークでも静夫さんエピソードを紹介するようになった。すると、リスナーさんからは「静夫さん面白い！」「もっとエピソード聞きたい！」「ほのぼのしました」などと、たくさんの声が届くようになった。

静夫さんは、いろいろやらかすけど、決して周りを不快にさせない。いつも、ほんのり温かい笑いを振りまく稀有《けう》な存在だ。その振る舞いに、僕もたびたび笑わされている。勝手に行動した結果、他人を温かい気持ちにさせる。「また静夫さん、変なことしてるよ……」と毎日のように呆れてはいるけど、なぜだか愛される老い方は、高齢化社会を迎える今、見習うべき姿勢なのかもしれない。

「静夫さんをテーマにして一冊、本を書いてみませんか？」と、編集者さんから依頼があったときは、戸惑いと驚きが一気に駆け巡った。正直、あんまり爆笑ネタはないし、そもそも一般人のおじいさんの話を書いて、誰が読むんだろう？　そう思って、舞台終わりの楽屋まで駆けつけてくれた編集者さんにそうひとこと言ったけど、「大丈夫です！」しか言わないもんだから、その誘いに乗っかってみることにした。生きていくのに役立つ教訓、人生の参考になるようなメソッド、そういった話を静夫さんからは一切聞いていない。けれど、そんなものなくたっていい。

僕が静夫さんの話をすることで、多くの方が父親を懐かしんだり、温かい気持ちになれるなら、書く意味もあるんじゃないか。そう思うから今、筆をとっている。

世の父親の大半は、身内や周りに迷惑をかけているかもしれない。でも、なんだかんだ結局、愛されているはずだ。そんな父親に呆れつつ、苦笑いしている多くの息子、娘さんたちに共感してもらい、多少なりともハートウォーミングな気持ちになっていただけたら嬉しい。

静夫さんを通して「うちの親父も大変だったな」と、それぞれに思い出し、ひと笑いしてもらえたら何よりだ。

静夫さんと僕　目次

第3章 静夫さんと暮らし…099

第1章

静夫さんと僕

静夫さんはゲラ中のゲラ

「む、娘さんを、ぼ、僕にください！」

何度練習しても、声が震えてうわずってしまう。一生に一度しか言わないであろう「娘さんをください」的な口上を、僕は間違えることなく言えるのだろうか。

後に奥さんとなるやす美（仮名）とは、2007年ぐらいからお付き合いを始めた。お付き合いし始めた頃の僕といえば、ナイツを結成して数年目。漫才協会に所属するコンビとして浅草の演芸場を拠点に、たくさんのお笑いライブに出ていた。やす美と交際している間に、ヤホー漫才が注目され始め、M-1グランプリで準決勝に進出。テレビ出演が増えて、「漫才で飯を食う」ことがぼちぼちできるようになり、経済的に少し安定し始めたので、やす美と結婚しようと思い立ったわけだ。

結婚するとなれば、やす美の両親から許しをもらわねばならない。当時、やす美の父、静夫さんは都内にある公営団地に住んでいた。やす美を含めた娘3人はみんな家から巣立ち、夫婦ふたり暮らし。部屋は4階の最上階で、カラッと晴れると遠くの山がうっすら見えて、見晴らしがよかった。

恋愛経験が豊富ではない僕にとって、交際している事実を相手の父親に伝えるなんて、非常に緊張する。しかも、結婚の意思を伝える大一番。

静夫さんと会う前、やす美からは何度も「お父さんは『変わった人』だよ」と、聞かされていた。変わった人？　どう変わってるの？　と聞いても、ただただ変わってるとしか言わない。頭の中に浮かぶクエスチョンマークが増えるばかりで、まったく消えなかった。

練習したように「娘さんを僕にください」と、きちんと言わないとならない。ただでさえ緊張する日なのに「お父さんが変わってる人」と事前に告げられたもんだから、M－1の舞台よりも緊張して、口から心臓が飛び出しそうだった。漫才する舞台では絶対に袖を通さない、フォーマルなスーツを着て、団地にある家まで向かった。

「初めまして。娘さんと交際しています塙と申します」
「ギギギギ」
「ギギギギ？」

静夫さんから聞いた第一声「ギギギギ」。挨拶ではなく擬音、ましてや笑い声。何度思い返してもあれは紛れもなく「ギギギギ」と言っていた。しかも、誰もツッコむ雰囲気すらないんだけど。どういうこと？　もうすでに頭が混乱している。

僕が質問しても話題を振っても、すべての返答が「ギギギギ」。もうどうにかなってしまいそうだった。

その瞬間に「変わった人」という、やす美のひとことに納得した。やす美は「ギギギギ」と笑い続ける静夫さんに対して、「きちんとして！」と叱ることは一切ない。なんなら、スルー。きっと、家ではありふれた風景であり、態度なのだろう。

静夫さんは、生粋の笑い上戸。トップ・オブ・ゲラだった。感情のノーマル設定が、だいたい上機嫌。笑うのは構わないけど、笑い出すときちんとした受け答えができない。

それに笑い声が「ギギギギ」ってどういうことなんだ。

練習までして備えていた「娘さんをください」的なセリフを言うムードには全然ならず、話しているうちに「結婚したいのですが」とさらっと告げると、「ああ、どうぞどうぞ！」とぬるっと結婚を許してもらった。

終始笑ってはいるけど、人をバカにしたような、ふざけた感じの笑いではない。ただ、話を理解してるのか不安にはなるけど、嫌な気持ちには一切ならない。まさか、娘との結婚の申し込みに来た状況がわかっていないのかな？　いや、それはないだろうけど、僕の話をまともに聞いてないことは確かだろう。

後に当時のことを、静夫さんに聞いたら「のぶたんが、あんまりにも緊張してかしこまっているからさ、ほんとにおかしかったんだよ」と、ニヤニヤしながら言っていた。いや、あれは絶対おかしいから笑ってたんじゃないでしょ。単にゲラだったからでしょ。静夫さんも僕と同じように、実は緊張していて、その裏返しだったのかもしれない。

でも、笑ってくれていたおかげで厳しい空気になることなく、静夫さんとの初対面は和やかに終わった。

結婚の挨拶をするとき、緊張した理由のひとつに、僕の「漫才師」という仕事に対する思いもあった。

ようやく、テレビといったメジャーな舞台での仕事は増えつつあったけれど、結婚を決めたとき、ナイツの認知度はそんなに高くなかった。それに、会社員のように毎月決まったお給料が出て家庭を養っていけるような、安定した職業とはいえない。結婚後の暮らしがどうなるかわからない、三十路間際の漫才師が、「娘さんと結婚したい」と申し出る。仮に僕が静夫さんの立場だったら、自分がその厳しさを一番よくわかっているから反対してしまうかもしれない。けれど、静夫さんは、僕たちの結婚をすんなり承諾してくれた。

もうそれだけで僕は、なんて心の広い人なんだ！　と感動したことを覚えている。静夫さんからは年収や将来設計といった未来にまつわる堅苦しい質問はひとつも、ましてや「漫才師って、どんな仕事なの？」とも聞かれない。ただただ、「ギギギギ」と笑うだけだった。

後に知ることになったんだけど、静夫さん自身の中では、僕が初めて挨拶に訪れる前から「結婚はＯＫ」するつもりだったようだ。

「娘が決めて選んだ男の人なんだから、信用できないはずはないでしょ。これも大きな運命の中で定められた、大切なご縁だ！　娘を信じるのと同じように、パパはのぶたんを信じてたよ」

あの「ギギギギ」という笑い声からは一切感じ取れなかった大きくて温かな思い、本当に嬉しい。その信頼を裏切ってはいけないなと今でも強く思う。自分の娘たちにも、いずれ訪れるであろう大事な局面で同じように言えるだろうか……。静夫さんの言葉は、いつか来る将来の場面へのお手本として、ずっと僕の中に残るだろう。

静夫さんとの初対面の後、僕の住んでいる街まで静夫さんが車で送ってくれることになっていた。もうずいぶん前のことだし、緊張から解きほぐされていたからよく覚えてないんだけど、教習所の指導教官だったせいか、静夫さんが交通ルールのうんちくを長々と語っていた。それも満面の笑みで。

隣の席でああだこうだと語り出す静夫さんを見て、「うるせーな」とちょっとだけイラッとしたことだけはしっかり覚えてはいる。

ジャングル風呂

「ねぇ、見てよ！　かわいいでしょ！」

今日もまた、静夫さんがふさふさした猫じゃらしの穂を、僕の頬に押し付けてくる。「わかったわかった、かわいいかわいい」そういうと満足そうに部屋へ戻っていく。ここまで聞き分けがいいのは、犬か静夫さんか。

なぜ猫じゃらしが好きなのかというと、生まれ故郷が影響しているからだ。自然豊かな奄美の島で生まれ育ち、毎日大自然に囲まれて育った。都会暮らしが長くなっても、庭や近所の原っぱから雑草や木の枝を拾ってきて、家の中に持ち込んではオブジェのように飾る。

植木鉢にとどまらず、何かの瓶、ペットボトルなど大小問わずさまざまな容器に詰め込んで、目につくところすべてに飾る。静夫さんには素晴らしい現代アートのように見えているんだろうけど、僕から見たらただの雑草。娘とともに公園から帰宅すると、部屋にも雑草。永遠に草原の中を歩いているような気分にすらなる。

　この数年は、猫じゃらしが大のお気に入り。尖端《せんたん》の稲穂のようなふさふさした部分を撫《な》でては、静夫さんは「うわぁ、かわいい！」と目を細め、愛でている。

　雑草というぐらいだからけっこう丈夫で、なかなか枯れない。

「ここは家で、野原じゃないから、もう猫じゃらしを摘まないでくださいね」と優しく諭《さと》しても、常に「ギギギギ」と笑ってごまかすだけで、永遠にいたちごっこ。絶対にやめてくれない。

　近頃では、その猫じゃらしにスーパーのチラシを裂いて作った輪っかを、たくさん引っかけて飾っている。子どもたちは目につくといつも「なんかお祭りがあるの？」と尋ねてくるけど、そんなもんあるわけがない。何かのメッセージか、静夫アートか。確かなことは、いやに目につくことだけだ。

玄関を開けて風が入ってくると、頼りないチラシの輪っかが一斉に飛び散って、まるで桜吹雪のよう……だと思えたらいいんだけど、ただのチラシのはし切れが宙を舞うだけ。挙句のはてに、とっ散らかった輪っかを静夫さんは全然片づけない。他の家族も放置。

玄関や廊下に散らばったチラシで作った輪っかを「あーもう！」って叫んで、髪を掻《か》きむしりながら、僕が拾っている。

せっかく片づけたのに深夜になると、静夫さんがこっそり輪っかを追加して飾ってやがる。この不毛なループを早く止めたいけど、解決策はない。

静夫さんの独特な自然志向が、最も発揮されているのはお風呂だ。

近所で拾ってきた雑草を湯船にぼちゃぼちゃ放り込み、オリジナルの薬草風呂にして堪能している。

浴室の扉を開けると、むわっとこもった熱気と匂いが鼻を掠《かす》める。湯の色もすごい強烈。「え、ここってアマゾンの湿地でしたっけ?」と自分の五感を疑ってしまうほどにだ。静夫さんは、のんびりと湯船に浸かってご満悦。奄美の濃密な自然の空気を思い出しているのだろう。浴槽からこだました「ギギギギ」と笑い声が聞こえてくる。静夫さん家《ち》の風呂は、さまざまな野草で〝魔改造〟されてしまった。

同じお風呂を使わないとならないやす子さんは、どう思っているのか。

「あんな魔改造されたお風呂でリラックスできるんですか?」

「……」

なんとも神妙な面持ちで無言を貫くやす子さんからは、長年連れ添った夫婦でも、魔改造風呂はいやだという強い意志を感じた。

自宅で最もくつろげるはずのお風呂へ、好きなように入れないなんて大変なストレスだろう。そんなこんなで、やす子さんは家にお風呂があるのに諦めて、銭湯で日々の疲れをほぐしている。

しかし、やす子さんも年齢につれて身体《からだ》が衰えてきたこともあり、毎日銭湯に出かけるのは辛《つら》そうだ。

そんな中、ちょうどうちの二世帯住宅のすぐ近くに、僕の作業場ができた。ＹｏｕＴｕｂｅチャンネルを撮ったり、仕事の書き物をしたり、スタッフとの打ち合わせに使っているのだが、作業場にはお風呂もついてくる。

「ここの風呂を使っていいですよ」と言うと、やす子さんは「いいの⁉　助かるわ、ありがとう‼」と、孫が生まれたとき以上に飛び上がって喜んだ。

奥さんに「静夫カスタムの風呂って、昔から？」と聞いたら、答えは当然のように「うん」と返ってきた。奥さんは生まれてからひとり暮らしをするまで、ほとんどシャワー暮らしだったそう。

昔は雑草のほかに、料理で出た玉ねぎや野菜の皮、ミカンの皮なども、湯船に入れて楽しんでいたようだ。フレンチレストランの寸胴《ずんどう》鍋の中でしか見たことない、植物のマリアージュを堪能してたんだな。

「野生の雑草が地上で最も美しいし、尊いんだよ。すべての植物はね、命を持って生い繁っていることに、大切な理由があるの。大自然は、すべて宇宙とつながっていて、私たちはその世界に活かされているんだ！」

大仰な哲学と家に雑草を持ち込む迷惑がどうつながるのかわからないけど、大自然を尊ぶのは人間の大事な営みで、生きることへの感謝の心が養われていくのだろう。人の道というか、道徳としては間違っていない。ただ、お風呂はほかの家族も、リラックスして入れるように使ってほしいよ。

静夫さんは普段から善い思いを、家族や周りに伝え、共有したいと願って生きている。だから、雑草入浴剤のお風呂も本心から「なんでお風呂に入らないんだろう？」と、不思議に思っているのでは。もう、邪気がなさすぎて、強く叱れない。

静夫さんは今日もせっせか、庭から持ってきた猫じゃらしを瓶に入れて自分の部屋に飾っている。

「穂先を眺めているだけで心から幸せ。宇宙を感じるんだ」と悦に浸っている。一日中見つめていても飽きないみたい。

そしてニコニコしながら「猫じゃらし一本にも、素晴らしい命が宿っているんだ。計り知れないほどの使命と意味があるんだよ」と僕の目をしっかり見て伝えてくれた。

なるほどね。……いや、だったら、抜いてこないほうがいいでしょう！　命が枯れちゃうじゃん！　と、僕は心の中だけで静かにツッコんでいる。

老体の痛みを叫びで散らす

「うわあああーーー‼」

またた。また叫び声が聞こえる。時刻は深夜2時。こんな遅い時間になんなんだよ。恐怖心を掻《か》き消すかのように、隣で眠る奥さんを叩き起こす。

「ねえ、叫び声聞こえなかった？」

「そう？　聞こえなかったけど」

「いや、確かに聞こえるって。ほら、今も聞こえるじゃない！」

「うわあああーーー‼」と最大級に響き渡る叫び声を一通り聞いた奥さんは、「明日も早いからもう寝るね」と言って、また深い眠りについてしまった。

最初は盛りのついた野良猫だと思い、「なんだよ、お熱いなあ」なんて呑気《のんき》に構えていたけど、深夜だろうが早朝だろうが突如として最大級の音量で聞こえてくるので、流石《さすが》に怖い。もう恐怖が限界に来ていたので、奥さんの意識がはっきりしているお昼どきに、もう一度聞いてみることにした。

「この近くに、変な野生の猫がいるでしょう?」

「どういうこと?」

「毎晩、叫び声が聞こえるじゃん」

「あれ猫じゃないよ。静夫だから」

「えっ、お義父さんなの!?」

なんでも静夫さんは、家にいるだけでリュウマチの進行した足が不定期に痛くなるらしく、叫んでは痛みを散らしていたらしい。なるほど、奥さんは叫び声に慣れているから気にならなかったのか。痛いのは仕方ないけれど、断末魔のような悲鳴をあげるなら、病院に行ったらいいのに……。

それから僕はずっと叫び声とともに暮らすことになった。

そのうち悲鳴が聞こえても、また静夫さんがのたうってんなぁ、と当たり前にスルーできるようになった。数年単位で叫び声と付き合っていると、人間とは不思議なもので慣れていくもんなんだな。

叫んでしまうほど痛いなら病院へ行って、痛みを抑える薬でもなんでももらってくればいいのに。そうすれば、だいぶ楽になるはず。でも、どんな痛みがあろうと病院には決して行かない。


あるとき突然、静夫さんの叫び声がぴたりと止《や》んだ。

「もう治ったの、自然治癒できたよ！」

理由はよくわからないけど、もう痛くないみたい。真偽は定かではないし、まさか雑草風呂が効いたとは思わないけど、とにかく病院にはかからず、足は治った。

静夫さんは痛みから解放され、以前よりもいくらかスムーズに歩けるようになった。にこにこ笑って「病院に行くような病も、人間の持つ力で治る！」と断言している。痛みがなくなったのはいいんだけど、病院へは行かない思想を強くしてしまったかも。うーん、困ったもんだ。

睡眠知らずのおじいさん

「え、静夫さん、また布団の上で飯食ってんですか？」

やす子さんに問うと、黙ってこくんと首を縦に振った。

静夫さん夫婦は食卓をともに囲まない。二世帯住宅の常識ってもんがどんな感じかは一切わからないけど、塙家とは階がわかれているから、もともと一緒に食べないけど、まさか夫婦でも囲まないとは。

まあそもそも静夫さんが夜勤で働くことが多かったから、とはいえ、老後のふたり暮らしなんだからちょっとぐらいは顔合わせてもいいんだけどねえ。

奥さんに聞いたら「昔からそうだよ」と当たり前のように呟《つぶや》く。やす子さんが作ったご飯を、静夫さんは自室に敷きっぱなしの布団の上で、一方やす子さんはひとり、台所でテレビを見ながら食べている。

ちなみに僕の家族はどんなに仕事が忙しくても、夕食の時間には必ずみんなで揃ってご飯を食べるようにしていた。父親の号令を聞いた兄貴がダッシュで着席。僕が遅れておずおずと座ると、熱々の湯気の中から母親の笑顔が見える。そういう賑《にぎ》やかで温かな光景が家族の常識だと思っていた僕には、静夫さん家スタイルは、けっこう衝撃だった。

塙家、静夫さん夫婦のみんなが一堂に会するのは、僕の娘たちの誕生日パーティぐらい。

静夫さんもみんなと一緒にテーブルにつき、「おめでとう！」と一声かけ、プレゼントを渡す。ここまではどこの家庭とも変わらない光景だけど、ケーキのろうそくの火を消すとすぐに「疲れたぁ」と言い残し、自分の部屋へ帰っていく。

基本的に静夫さんは、大勢ではなくひとりで過ごしたいみたい。かといって、家族みんなの結束が弱いわけではなく、これが僕たち家族の、収まりのいい過ごし方なのだ。

もうひとつ、一緒に住んでいて常識を揺さぶられたのは「静夫さんは寝ない」疑惑。いや、寝ているんだろうけど、静夫さんの生活スタイルからは寝ている時間が特定できない。

行動から推測するに、夕方の15〜16時くらいに寝て、深夜1時頃に目を覚ましているのだろう。極端な深夜型の体質のわけは、静夫さんの職業だったタクシードライバー時代の名残りかもしれない。家族と食卓を囲めなかったことも、まあ理解できる。深夜に起きているのは自由だから、全然構わない。でも、たまに背筋が凍るほど怖がらせてくる。

仕事の都合上、僕の生活もとても不規則だ。テレビ番組の収録で遅くなり、真夜中に帰宅したり、地方へ飛ぶ飛行機に乗るので4時起きだったり、本当に不規則だ。

まだ外が薄暗いうちに、家族を起こさないように、そろりそろりと静かに動いていると、廊下で静夫さんにばったり会う。真っ暗で静かな家の片隅から、いきなりぬっと小さなじいさんが現れるもんだから、思わず「うおっ」って地味に驚く。

あるときなんて、夜中1時ぐらいに帰ってきて玄関を開けたら、靴箱近くの椅子に静夫さんが、無表情でボーッと座っていた。何、抜け殻かなんかなの？　あれは本当に怖かった。静夫さんを目にした瞬間、これまで自分でも聞いたことのないような悲鳴をあげてしまった。

「何やってんすか！」と聞いても、静夫さんは「ギギギギ」といつも通り笑うだけ。なんで自分の家で、帰ったら驚かされなきゃいけないんだよ。笑うってことは僕を驚かせたかったってこと？　だとしたら、とんだユーモアの持ち主だな。

あくる日。静夫さんとやす子さんの会話が耳に入ってきた。

「のぶたんを見送ったり出迎えるために、いつも起きていたんだ！」と自慢する静夫さんに、やす子さんは「早く寝て、夜中に目が覚めてるだけじゃないの」と呆れた様子で聞き流していた。

深夜型すぎて、眠っている時間を把握できない。身体のサイクルどうなってんだ。変な時間に起きていても、健康ならいい。でも、夜中に暗闇からぬっと現れるのは、心臓に悪いのでやめてほしいけれど。

注射をさすな！

「いでーー！　痛い痛い痛い！　いでーーー！」

病室から静夫さんの雄叫《おたけ》びが聞こえる。直前まで診てもらっていた3歳児より叫び声がでかい。

今日はインフルエンザの予防接種の日。どうしても注射しないとならないんだけど、病院に来るまでひとことも注射があるって伝えていなかった。いや、言っていないのではない、隠していた。

前述の通り、静夫さんは病院に行かない。おそらく大嫌い。いや、正確に言うと、静夫さんは病院が嫌いなのではなく、注射が大嫌い。注射っていうと、「もう絶対に病院行かないもん！」と言って、部屋から出てきてくれなくなる。

「籠城《ろうじょう》したって無駄ですよ！　もう病院行きますよ！」とドアを叩いて呼び叫んでも

無言。その攻防戦に疲れた僕はもう、最近は注射があることを一切伝えない。隠して病院まで連れ出すもんだから、注射があるとわかるとすぐに静夫さんは「のぶたんのばか！　大嫌い！」と言って泣き出してしまう。泣くな泣くな、小さなおじいさんよ。

話をよくよく聞くと、静夫さんが若かりし頃に通った病院で当時の医療の主流だったのかはわからないけど、解熱剤や栄養薬を注射するとき、お尻に針を刺していたらしい。それが悶絶《もんぜつ》するほど痛かったのだとか。それ以来、注射を避けるようになり、ついでに病院も大嫌いになったようだ。

いや、もう令和の今はお尻に注射打たないすよ！　と言っても「注射はやだやだやだ！」と泣いて駄々をこねる。おじいちゃんの本気の地団駄、抵抗、号泣。まあ注射が嫌いでも生きていくのに支障はないんだけど、年齢のことを考えると採血や点滴といった軽度なものは受けてほしいんだけどね。

健康診断や予防接種、そして持病の治療のために、近くの医院でどうしても注射しないといけないことがある。それが今日だったというわけだ。そのときの抵抗はものすごい。

付き添った奥さんが、静夫さんをホールドしてやっと腕を出させる。それでも「いやだいやだいやだ！」と怖がる静夫さん。なんとか腕を出してもらい、医者が注射針を腕にぶすっと刺す。すると、「痛い痛い!! いでーーーーーっ!!」と、めちゃくちゃでかい悲鳴をあげて泣き出す。うちの娘ですらも最近は我慢できているのに、静夫さんったらもう。

こないだ、持病の兼ね合いで注射を打ってもらった後、医者の先生が「静夫さん、次は2ヶ月後に注射を打つよ」と告げると、静夫さんは食い気味に「ああ！ 来年以降かなぁ！」と素っ頓狂な返答でかぶせてきたんだとか。いや、勝手に注射の時期を決めないでよ！ と、周りはツッコみ、あまりの病院嫌いぶりに先生も吹き出していたみたい。

その後、静夫さんはがくりとうなだれ、「もうおうちに帰りたい」とぐずりだしたようだ。どんだけ注射が嫌なんだ。

そんな調子だけど、静夫さんはなんだかんだで元気に過ごしている。嫌なものは一切我慢しない。それもまた静夫さん流の、健康維持なのかもしれない。

あえてＣＤで聴きたい

「のぶたん、一生のお願いがあるんだけど」

扉の隙間から、なんだか物欲しげな顔をして声をかけてきた。だいたいそんな猫撫で声を出してくるときは、ろくなお願いではない。それに一生のお願いだなんて。毎回使ってくる手法に呆れつつ、「最悪ラジオのネタにすればいいか」と腹を括《くく》って、静夫さんの話に耳を傾けることにした。

「あのね、『日本の愛唱歌全集』ＣＤセットがほしいの」

「はい？」

「大音量で『ふるさと』を朝から聴きたいの」

「え？」

「ちなみに値段は、10枚セットで3万2０００円！」

いや、お値打ち価格だから買いたくなったよ！　ってなる金額じゃないでしょう。愛唱歌マニアの方なら購入して聴くんだろうけど、今の我が家ではなあ。まあでも聴きたい理由を聞いてみるか。僕の好奇心ゆえに静夫さんを泳がせてみることにした。

「なんでCDで聴きたいんですか？」

「子どもたちに毎朝、このCDを聴かせてから、学校に行かせたいんだ！」

「なるほど。やす子さんや、妻はなんていってますか？」

「いらない、買わないよって言われた」

「僕もそう思います」

満場一致で却下。そりゃあそうだ。すると、みるみるうちにうなだれて、小さな体がまたどんどん小さくなっていく。みんなに却下されて落ち込む静夫さんを少しでも励まそうと思い、もう少し泳がせてみることにした。

「お義父さん。欲しい気持ちはわかるけど、これは高いですし」

「やだやだ！　絶対にいるんだよ！」

「子どもに聴かせたいんなら、これでもいいんじゃないですか？」

と、ｉＰａｄとｉＰｈｏｎｅを差し出し、

「サブスクっていって、今の時代ならＣＤを買わなくても、好きなだけ音楽が聴けるんですよ。曲も同じですし。それにＣＤをどこにしまうつもりですか？　めちゃくちゃかさばるんじゃないんですか」

そう説得したけど、静夫さんは頑《かたく》なに「絶対に！　この愛唱歌全集が!!　欲しいんだ!!!」と意思を曲げない。


もうこうなると一切話を聞いてくれなくなる頑固者の静夫さん。何度も買わないと伝えても、こちらを超えてくる勢いでしつこく食い下がってくる。まあこんなに粘ることって実はけっこう珍しい。基本的に家族から「買っちゃダメ！」と言われたものは、割とすぐに諦める。お金に関する取り決めには、素直にしたがってくれるのだ。だけど、今回ばかりはなかなか納得しない。ああ、これはマジのやつだ。本気で欲しいんだな。

息子として僕も流石に勘づいた。

買わないと却下することが、だんだんかわいそうに思えてきた。そもそも「最悪ラジオのネタにしたらいい」と腹づもりもしていたし、芸人の好奇心とやらもむくむくと湧いてきた。

「じゃあ支払いは僕がするので、CD買いましょうか」

そう言うと、静夫さんは「やったあ‼ ありがとう‼」と、飛び上がって喜んでいた。僕の悪いところかもしれないけど、結局、僕が折れることにした。


静夫さんは嬉々として「申し込みの電話する！」とはしゃいでいたけど、結局申し込みの電話も僕がした。注文している最中、隣にまで駆け寄ってきて「のぶたん、ごめんね」と隣で囁《ささや》くもんだから、注文の声がまったく聞こえなかったけどまあいいでしょう。無事に注文もできた。

CD代の3万2000円は、毎月1万円ずつ僕に返済する約束をしたけど、そもそも静夫さんはお金を持っていない。「どうするつもりですか？」と聞くと、「やす子から借りて返す」と堂々と答える。いや、それって返済じゃなくてまた貸しじゃん。やす子さんと大ゲンカしてしまう未来を憂いて結局「父の日のプレゼントとして、僕が持つということでいいですよ」と言うと、またも静夫さんは「いいの!?　のぶたん最高！　ありがとう！」と、またもや大喜び。とんだお義父さん孝行だ。

この一連の購入事件を、さっそくラジオでトークのネタにした。若干ウケるようにオーバーに話してしまったところはあるけど、大体は事実。スタジオは笑いに包まれた。笑いに還元できてよかった、とホッとしたのも束《つか》の間、番組の後、僕のTwitterに思いもよらないリプライが届いた。

「塙さんがラジオで話されていた『日本の愛唱歌全集』CDセットですが、ヤフオク！で2400円の低価格で出品されてます」

購入前にヤホー、もとい、ヤフオク！で調べておけばよかった。正直に言うと、ちょっと凹んだ。

ほどなくして、我が家にCD全集のセットが届いた。あらためてCD10枚、多いし、かさばるな。静夫さんの周りに、どんどん不要な物が増えて、そのうち物に埋もれないか心配だ。それに、ラジオで話したことをきっかけに番組のプロデューサーから、ａｉｗａのプレイヤーを譲ってもらった。

届いた最初の頃、静夫さんはプレイヤーでCDを何度も何度も聴いていた。その恩恵かもしれないけど、歌詞カードを見なくても「ふるさと」をフルコーラス、空で歌えるようになった。そりゃあ毎朝爆音でかけてるもんな。いやでも覚えてしまう。

CDをかけるたびに「のぶたん、超嬉しい！　ありがとう！」と、とても満足そう。本当によかったよかった、と思っていたら、何日もしないうちに、ぱたりと音がしなくなった。もともと飽きっぽい人だから、すぐ聴かなくなるだろうと薄々勘づいていたけど、まさかこんなに早い段階で飽きるなんて！

今、「日本の愛唱歌全集」は、仏間の隅にひっそりと置かれている。3万2000円……。心底、無駄な買い物をした。けれど、本に書くレベルのネタがひとつできたし、元は取れた、と思っていないとやっていられない。

買って後悔はしていない。いらないものをねだられて、買うか買わないかでは、その後の収穫が雲泥の差。漫才師たるもの、ネタは身を削らないと得られないのだと再認識した出来事だった。いや、こんなことで知りたくはなかったんだけどさ。

本音を言うと、喜んでくれたのは本当によかった。静夫さんったら、連れていかれたいつもの病院で、看護師さんたちに「欲しかったCDセットを、息子が買ってくれたんだ！」と自慢していたそう。

ひとしきり自慢した後、静夫さんは病院の人たちに「歌を流して聴かせようか？」と聞いて回ったようだけど、ひとり残らず「けっこうです」と速攻で断られていたようだ。

まあそりゃそうなるよね。

※付属で付いてきたaiwaのCDプレイヤー

愛車に水ぶっかけないで！

「えぃえぃ」

「謎の返事やめてくださいよ！　何度言ったらわかるんですか！」

僕は怒りに震えていた。

奥さんと結婚してから初めて真っ向から、静夫さんにキレたんじゃないか。お金とか人間関係とか、大人の話じゃなく「車に水をかけるな！」という、ご近所トラブルみたいな文句。言葉にすればするほどなんとも情けないけど、もう我慢できない。

静夫さんは数日おきに早朝、庭先へ出て水を撒《ま》く。

玄関先や敷地の舗装部分の泥を流したり、草木に水をあげている。ホースを伸ばし、水の届く範囲で近所の家の花壇も、構うことなくびしょびしょにしている。道路を挟んで向かいの家の庭先まで濡らしまくっているから、「水撒いてもいいですか？」って断ってからやったほうがいいんじゃないかと思うんだけど、静夫さんにとっては最大の善意なので黙認していた。

　きれいにしてくれるのはすごく助かるんだけど、困ることがひとつあった。それは、僕の愛車のミニクーパーにも、容赦なく水をぶっかける。車を持っている人ならわかると思うけど、車体に向かって真水をダイレクトにかけて放置すると、水滴が垢になって、逆に汚れてしまう。

「静夫さん、車に水をかけないでくださいね」って言うんだけど、静夫さんは「えぃえぃ」と、わかってんだかわかってないんだかよくわからない返事をするのみ。まあつまりはやめてくれない。出かけようとすると、車体に変な水垢の模様がいっぱいついていて……あーっ、もう静夫さん！　冗談じゃないよ！　って、幾度となくイラつかされていた。

　静夫さんの言い分としては「掃除のついでに、のぶたんの車もきれいにしておかなくちゃ」となけなしの優しさで、バーッと水をかけているようだ。文字通りありがた迷惑。長年、車に乗る仕事に就いていたら、わかりそうなものなんだけどなあ。よけい汚れるからやめてほしいという僕のクレームが伝わらなくて、非常に困っていた。

ある晴れた日のこと。愛車のミニクーパーを洗車に出した。仕上げにワックスも丁寧にかけてもらったから、愛車がツヤツヤのピカピカに掃除されて大満足。

当分は気持ちよくドライブできそうだ、と思っていた矢先、翌朝に車体を見たら、また水垢だらけになっていた。思わず膝から崩れ落ちた。昨日確かに僕は言った。「車に水をかけないでくださいね」と。よりによって昨日の今日でかよ……。いよいよ僕の堪忍袋の緒がブチッと切れた。

静夫さんを呼び出し、あまり感情的になりすぎないように、静かに怒りを告げた。

「お義父さん、マジで勘弁してください。昨日、きれいに洗車したばっかりなんですよ。台無しじゃないですか。外を掃除してくれるのはいいですけれど、僕の車には、二度と、絶対に、水をかけないでください！」

「あ、うう……」

「もし水をかけたとしたら最悪でも、拭き取ってくださいよ！」

「えぃえぃ」

静夫さんは「えぃえぃ」と、反省してんだか戸惑ってんだか、よくわかんない返事を発するだけ。ここまで真剣に静夫さんに怒ったのは、過去になかったから、さすがに今回ばかりは伝わっただろう。

その後しばらくは、静夫さんなりに注意して車に水をかけるのは止めていたようだ。やればできるじゃん。

だかしかし、事件は起きてしまった。ある日、僕の車のボンネットを静夫さんがタオルみたいなもので熱心に拭いていた。また水をかけちゃったのか、と呆れたけど、まあ拭き取ってるならいいか……と、見逃そうとした。だけど、手に持っている布がやけにくたびれている。なんか嫌な予感がしたので、ジリジリと近づいて静夫さんに尋ねてみた。

「お義父さん。何を使って車を拭いてます？」

「これ」

「いや、これ、じゃなくて、この布はなんですか？」

「ブリーフ」


よく見ると持っていたのはタオルではなく、穿《は》き古したブリーフだった。たっぷりと水を吸い、生地が頑丈で、手になじむサイズ。外で使う雑巾にちょうどいいんだろう。静夫さんは、バケツの中に自分の使い古したブリーフを常備して、掃除に励んでいた。水滴を拭き取るにはベストなんだろうけど、じいさんの伸び切ったパンツで愛車を拭かれるってどういうことなの⁉


流石に怒る気すらも通り越し、なんだか力が抜けてしまった。

「もう水をかけても、拭かなくていいですよ」と告げると、静夫さんは「そうなの？」

とニコッと笑いながら元気よく答えた。
本人は、どう解釈したんだろう。日常の手間がひとつ減ってよかったとか、そんな感じなのかな。

「もういっそ、水撒きに使うホースを隠しちゃおうかな」なんて思う日もあった。
静夫さんは水撒き用のホースをいつも大人用の三輪車のカゴに乗せている。一度、転倒し、身体中から血が噴き出るほどの大ケガをした。三輪車であればバランスが安定して転びづらいと思ってプレゼントしたけど、めちゃくちゃ重い！　ペダルを踏む足に力を込めないと前に進めず、静夫さんが乗ったらよけいに危ないと判断し、今では庭のオブジェのひとつになっている。

今日もまた庭から水を撒く音がする。静夫さんが水を盛大に撒いている音を聞くたび、あー後でまた車を拭かなきゃ……と重い腰を上げて車に向かっている。

BRIDGESTONE

第2章

静夫さんと過去

若気の至りでつけた名前

「僕ってどんな人間だと思う？」

すごい角度で静夫さんがクイズを出してきた。

「陽気なおじいさん、ですかね」

「ギギギギ」

まったく狙っていないところで笑い出してしまったけど、一体なんて答えることが正解だったんだ。

陽気なおじいさん、と形容してしまうほどの変人である静夫さんにも歴史はある。

静夫さんは1945年、昭和20年に奄美大島で誕生した。奄美といえば、当時は現在よりもはるかに手つかずの大自然あふれる島。豊かな森と山、土や生き物に囲まれて育った。静夫さんが自然志向なのは、奄美大島で過ごした幼少時代の体験が深く影響しているのだろう。本人曰《いわ》く「名前の通り、静かな子だった」とのこと。いや、けっこううるさいけどさ。

高校時代は美術部に所属して、絵の魅力に目覚めた。それから街の風景など、水彩画を描き続けてたくさんコレクションしている。静夫さんの作品は、我が家にもたくさん残っていて、たまに見せてもらうけど、なかなかの腕前だ。緑の景色や水の流れの表現が、とても色鮮やかで繊細。絵はからっきしわからない僕だけど、素人目にもわかる美しさだ。

10代のときには琉球空手を習っていたようで、身体は頑丈そのもの。学校の運動会でも大活躍。「名前の通り、静かな子だったけど、かけっこは一等賞だったの！」と今でも昨日のことのように自慢している。

高校を卒業後に晴れて上京。最初はポリ塩化ビニールを加工する工場に就職し、仕事が休みの日は、先に東京に出ていた立川のお姉さんと、上野など都内の美術館を散策していたようだ。工場では、真面目に働き続けた。遠い九州の島から出てきて、都会で一旗揚げるつもりだったんだろう。

でもちょっとだけ、道を踏み外してしまった。ギャンブルだ。職場で仲良くなった人の影響で、パチンコに日夜、お金を注ぎ込んでしまった。

初めて打った台で、6000円勝ったときの快感が忘れられず、ビギナーズラックの勢いでパチンコに通い詰めた。当時の月給は1万8000円だったというんだから、そりゃあけっこうな稼ぎだ。そこから仲間の誘いで競艇、競輪にも手を広げ、見事にギャンブル漬けになった。

仕事が休みの日は後楽園や多摩川、平和島など、公営の賭場でお金を散らし、惨敗続き。確実に勝てるというレースでは、4000円ぐらい勝ち、気をよくするのも一瞬で、レースを重ねるにうちにだんだん軍資金も底を突く。持ち金をほぼ吸い取られ、ギャンブルの後はバス代しか残らないオケラ街道を、とぼとぼと歩いて帰った。

静夫さんは、お酒も大好き。都市開発中だった三鷹や吉祥寺で、友だちと居酒屋を飲み歩いていた。給料をもらった分だけ、遊んで打って使いきる。おかげで貯金はゼロ。今では想像もできない、豪快な青春時代だったようだ。

仕事も転々とし、人生で10社以上、転職してきたようだ。工場の後に水質管理の仕事や、製菓会社に勤務。自動車免許を取ってからは、車を使う仕事にも転職。仙台まで食品容器を運ぶトラック運転手、車で営業回りをする不動産業、英語の教科書の営業販売、そして自動車教習所の教官、タクシー運転手など。

「なんでそんなに、いろいろ仕事が変わったんですか？」と聞くと、その答えは「すぐ飽きちゃう」んだとか。

性格的に、静夫さんは新しい刺激を受け続けることが大好き。本人がよく言うのだが、奄美は気候がとても激しい。そんな環境で育ったからか、ギャンブルにはまったのかもしれない。

若い頃はそれなりに男女の恋愛も経験し、都内にまだ何軒も存在したストリップ劇場、合法の風俗にも、しばしば通ったとか。昭和の働く男だから、火遊びは、そこそこ嗜《たしな》んできたんだろう。

静夫さんの娘3人の名前の由来も聞いた。素敵な名前だったから、幸せに暮らしている知り合いの名前を借りたから、など、表向きはもっともな理由だった。

しかし、こないだポロッと口からついて出た理由が衝撃的だった。


「実はさ、若い頃に憧れていた、身近な美女の名前をそのまいただいたんだ」


いや、ニコニコしている場合じゃないのよ。フォローするわけではないけど、恋人ではない。静夫さんが一方的に憧れていたきれいな人たちの名前を、娘につけてしまったのだ。

「のぶたん、やす子には内緒だからね。まだ言ってないの。秘密だよ」

そう言うもんだから、今回書いていいのかどうか迷ったけど、奥さんに話したらもう大爆笑。「あのパパはもうどうしようもないわね。改名しようかな!」と、呆れながらもお腹《なか》を抱えて笑っていた。

お気に入りの女性の名前を、家族として一生呼んでみたかったのか。真偽は定かではないし、やす子さんには申し訳ないけど、男子の厨二《ちゅうに》的な下心を今さらカミングアウトする静夫さんに、僕も大いに笑わされた。

運命の出会いは病院で

「ご縁が一番大切だね」

静夫さんがよく言う言葉のひとつ「ご縁」。僕と出会ったことも、静夫さんの妻であるやす子さんと連れ添う人生を選んだこともすべてご縁だ、とよく話している。

そもそも、やす子さんとの出会いはどこだったのか。それは、ずっと毛嫌いしている病院だった。

仕事を転々としながら、好きなだけギャンブルして酒浸り。そんな生活で、いつまでも健康でいられるはずはない。

20代の後半に、静夫さんは放蕩暮らしをしていたからか、胃がかなり悪くなっていた。食べたいのに食べられないし、お酒も飲めない。そのときから病院嫌いだったけど、放置できないところまで具合が悪くなり、たまらず当時の職場に近かった個人病院を受診した。

院長のN先生がなかなかの洒落者《しゃれ》で、院内にスタイリッシュなヨットハーバーの絵を飾っていた。静夫さんはその絵をいたく気に入り、「僕も絵を描くんですよ」と話しかけ、N先生と意気投合した。以来、診察に通うたびに、N先生と絵の話を楽しんでいた。

しばらく通っているうちに、静夫さんは受付嬢の仁藤みち子（仮名）さんと仲良くなった。と同時に、仁藤さんの同僚で、（のちに妻となる）看護師の坂本やす子さんとも、親しくなった。

「仁藤みち子さんはね、絶対に僕のことを気に入っていた！」と今でも強気で豪語するほど、自称モテ男だった静夫さん。みち子さんの好意に気がつきつつも、本心ではやす子さんのことが大好きだった。

「当時、やす子さんのどこが好きだったんですか」と聞くと、「鼻筋がスッとしてて美人で背が高い。165センチぐらいあって、背の小さい僕から見たら魅力的だったんだ」とあの頃を思い出したのか、目をキラキラさせながら静夫さんは明るく答えた。

一目惚れから始まった恋を成就させようと、静夫さんは必死にアプローチを重ねた。時にグループデート、時に喫茶店でのおしゃべり、時にラブレター。

持ちうるすべての知恵と気力を降り注ぎ、やす子さんに猛アプローチ。その結果も実って、ほどなく相思相愛に。やがて、真剣交際が始まった。

やす子さんとは、トントン拍子でうまくゆき、交際から間もなく結婚を決意。そのお相手のやす子さんが、今、僕らと同居するお義母《かあ》さんご本人だ。偶然に偶然が重なって結ばれたカップルだと思う。

静夫さんがそもそも、我慢しきって病院に行かなかったり、N先生の病院を選んでいなかったら、やす子さんと出会っていなかった。

僕の奥さんも、このご縁がなければ存在しなかったと思うと、静夫さんとやす子さんの出会いは、後につながる僕たち家族にとっても、運命的なものを感じる。

静夫さんは「ご縁」を信じて疑わない。いただいたご縁は、自分の意思でないがしろにしてはいけないと、静夫さんは常日頃から戒《いまし》めているようだ。

頑固で、こだわりの強い静夫さんだけど、家族に対して人格を否定したり、ケンカしても「お前とは絶縁だ！」みたいなことは、決して口にしない。奇跡のように巡り会ったご縁を、命ある限り大事にする。そういう人だから、家族の誰も、静夫さんからは離れていかないのだろう。

静夫さんの説に倣《なら》うなら、きっと病気もご縁。「うわあああーーーー‼」とわめいていたとしても、痛みも苦しみも、ご縁がつないでくれた家族みたいなものだと考えたら、少しだけうまく付き合える気がする。

家で唐突に悲鳴をあげる静夫さんに驚かされつつも、「ご縁」の大切さを、ちょっとだけ学ばせてもらっている。

我が家の縁の下の力持ち

「やめて！　のぶさんが困るでしょう！」

庭からやす子さんの怒号が聞こえた。

「どうしたんですか！　大丈夫ですか！」と庭まで駆けつけると、下着一丁でうろうろする静夫さんの姿が見えた。

「外の風をダイレクトに感じたかったんだ！」と静夫さんがニコニコしながら犯行声明を告げると、無事確保。

なんで下着一丁のままで動き回るんだ。縦横無尽に動き回る静夫さんの強力なストッパーになってくれるやす子さんには、本当に頭が上がらない。

我が家が存続できているのも、やす子さんのおかげ。

これまで静夫さんが家の中心で好きなようにふるまえたのは、彼自身の努力のお陰ではなく、すべてやす子さんのバックアップあればこそ。奇行やトラブルの多い静夫さんの生活を、陰に日向にフォローしてきた。

僕が見た限り、静夫さんはやす子さんがいなかったらこの世に存在してないんじゃないか。僕ら家族の前でやす子さんは、滅多に怒ったり、感情を爆発させたりしない。穏やかに、和やかに、いつも家族を見守る仏様のような存在だ。


静夫さんが団地住まいをしていた頃、お世辞にもお金持ちとはいえない暮らしだった。若かりし頃の仕事はタクシー運転手。家族5人、高給取りではないから、余裕のある生活ではなかった。

拍車をかけるように家計が苦しくなったのは、静夫さんの金銭感覚が原因だった。お金がないのに人にお金をあげちゃったり、大金をぽんぽん貸してしまうから、家計はもちろん火の車。本人からしたら人助けのつもりだろうけど、やす子さんは頑張ってやりくりをしていた。

時には、身元がわからない街をほっつき歩く人を連れてきて家に入れようとしたことも。その静夫さんのなけなしの優しさには感心しつつ、やす子さんは涙を飲んで追い返していた。

静夫さんのモットーとして「困っている人は、面倒を見る！」と常に意気込み、懐だけは大きかったようだ。


そんな静夫さんが一家の主人だから、お金はいつまでも貯まらない。そんな中、やす子さんは一切無駄遣いをせず、家族の服を買い、毎日の食事を用意した。

家計を助けるために新聞配達もしていた。それも毎朝、1週間まるごと休日なしの出勤。当時、配達人が不足していたからとはいえ、毎朝4時に起きて、きちんと子どもたちのご飯を作って、家族全員の洗濯を済ませてから出かけていたそう。

「さすがに小皿に分ける時間はなくて、フライパンごとご飯出しちゃってたけどね」と申し訳なさそうに、当時のことをやす子さんが話してくれるけど、家族が安心して暮らせる環境を提供できるだけでも十分素晴らしいと思う。

ただでさえ、休むいとまもないのに、やす子さんは地域の見守り活動もされていた。ひとり暮らしのおばあちゃんのケアもしていて、奥さんが言うには、いつも家に帰ると玄関に誰かが来て、「やす子さんいる?」って覗《のぞ》きに来ていたそう。街の人気者だった。

それにしても、一日の労働時間がすごい。「子どもの頃、ママが家でごろごろしてくつろいでいる姿を、見たことがない」と奥さんも言っていた。あっぱれだ。

静夫さん家は子どものやりたいことは、すべてやらせてあげる方針だった。算盤《そろばん》、フルート、柔道、妻たち三姉妹はたくさんのお稽古事に通っていた。すべて彼女たち自身が「やりたい!」と言ったこと。静夫さんもやす子さんも、娘たちの挑戦意欲は、すべて叶《かな》えてあげるように努めていた。

月謝代は、けっこう大きな負担だったはず。だけど、「お金が苦しいから諦めて」とは決して言葉にしなかった。どうにか用立てて、娘たちのやりたいことを、すべてやらせてあげたのだ。

奥さんは都内の有名大学にも通うことができた。そういったお金の算段《さんだん》は、すべてやす子さんがうまくつけてくれたようだ。家族の願いを叶えるための努力、本当に尊敬する。

自分の子育てで悩んだとき、奥さんはいつも「ママの苦労は、こんな程度じゃなかった。もっと頑張らなきゃ！」と、言い聞かせて子どもに向き合っている。僕でもやす子さんのような、こんな暮らしができるかどうかは自信がない。

静夫さん家は外食や家族旅行など、お金のかかる贅沢はほとんどしなかった。だけど、やす子さんの努力のお陰で、妻たちは一度も「家にお金がない」「貧乏だ」と思ったことはないという。

もともと彼女たちは小さい頃からおてんばで、ゲームやお洒落にはまったく興味なし。団地の周りで走ったり、身体を動かして遊ぶことが好きなわんぱくな女の子たちだった。「もっとお金があったらな」「お金持ちに生まれたかった」などの欲は、一切なかったようで、むしろ大人になってから、「うちって貧乏だったのかな」とふと疑問に思うぐらいだったとか。

団地住まいだったから、仲良く遊ぶ友だちも、似たような家庭環境の子ばかり。それほどお金がないことを認識する環境になかったのかもしれない。

とはいえ、貯金はなかったけれど娘全員、ひもじい思いをした記憶がない。それは、やす子さんの子育ての大きな功績ではないだろうか。

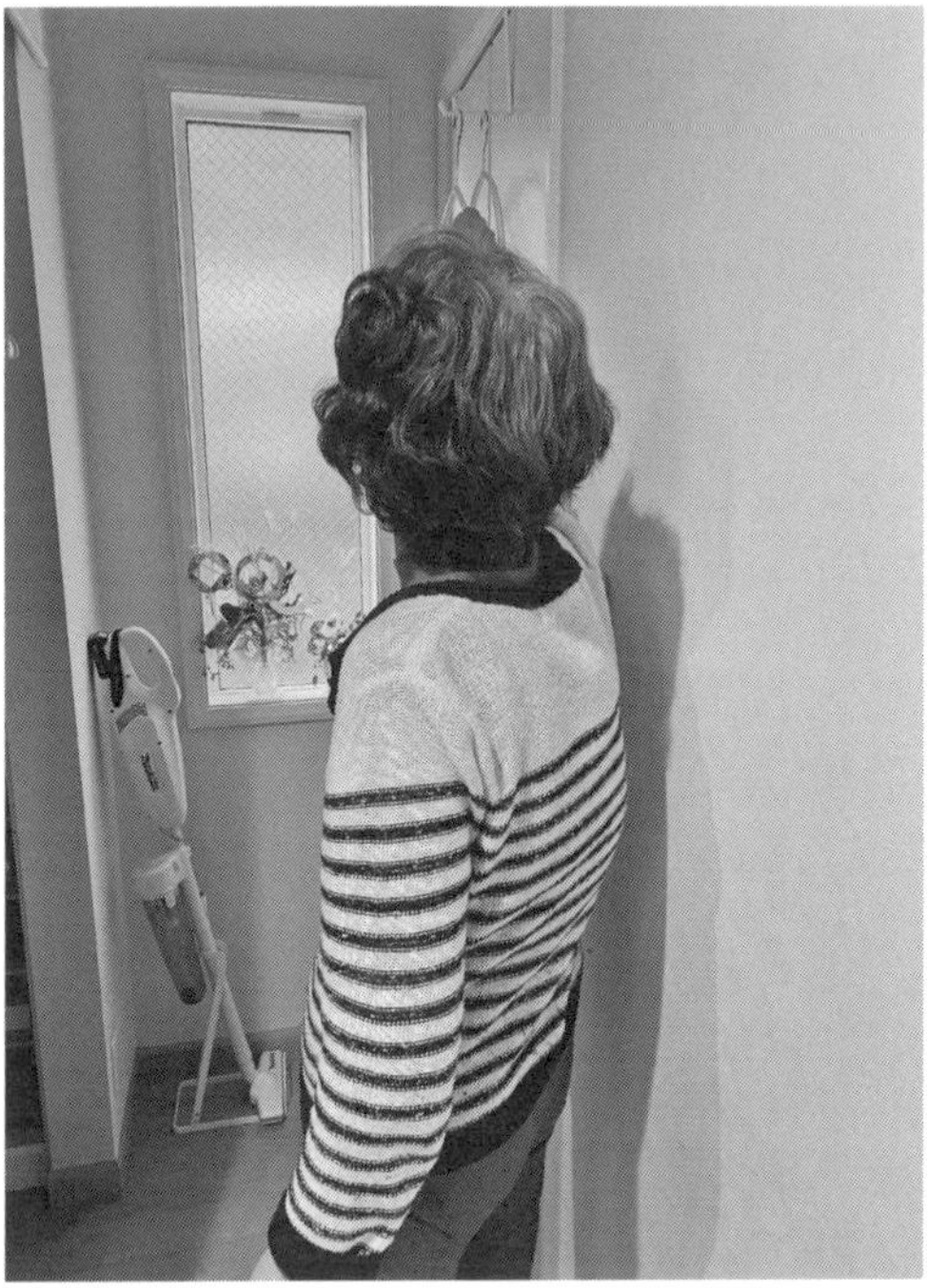

ひとつの揚げ豆腐

「今日も飲んじゃったな」

一方で静夫さんの放蕩三昧《ざんまい》は、なかなか直らなかった。若い頃はお酒が好きで、家の中でも外でも、酒で暴れては痴態をさらしまくっていた。その影響かどうかはわからないけど、奥さんは「酒飲みの男、本当に大嫌い」とよく言う。

女遊びも、まあまあやってくれていた。静夫さんは今でこそくたびれたおじいちゃんだけど、顔立ちそのものは整っている。若い頃はきっと童顔の美青年で、性格も明るくてお喋《しゃべ》り好きだから、それはそれはモテただろう。

やす子さんが、妻・やす美の妹を妊娠しているときのことだった。

ちょうどその頃、静夫さんは30代後半。遊び盛りで仕事の後は、気に入った近所の飲み屋で毎晩飲み散らかしていた。お金がないっていうのに、一体何をしているんだか。通い詰めていたわけは、そこで働く若いお姉ちゃんと、ちょっといい関係になってしまったから。

ある晩のこと。意中の若いお姉ちゃんと酔っ払った勢いで、ずっといちゃいちゃしながら家に連れて帰ってきてしまった。

いつもの調子で「おかえり」とやす子さんが扉を開けると、泥酔した静夫さんに、頬を赤く染めた若いお姉ちゃんがそこに立っていた。血の気がひき、体の体温がどんどん下がっていく。もっと怒り狂ってもいいはずなのに、やけに冷静になってしまったやす子さんは「出ていきます」とひとこと告げ、まだ小さなやす美を引き連れて、家出してしまった。


家を出たところで、行くあてはない。外はまだ寒い季節。吹き荒ぶ風の中「ああ、なんて孤独なんだろう」とやす子さんは心の中で嘆いていた。あまりに突然飛び出してしまったもんだからこれっぽっちのお金もない。つっかけに羽織だけで出てきちゃったから、寒くて寒くて、よけいにひもじい。はあはあと手に息を吹きかけ、温め合いながら母子ふたりで、とぼとぼ歩いてると、道ばたに50円玉が落ちていた。

「ほんとはいけないことだってわかってはいたんだけどねえ。神様が私にくれたんじゃないかなって思ったの。あれほど50円玉の存在に感謝したことはなかったよ」

当時を思い、そう話すやす子さんの目は、なんだか潤んでいるように見えた。

それを拾ったやす子さんは、「神様、お許しください」と天に向かって手を合わせて拝み、申し訳ないと思いながら、近所のお豆腐屋さんで揚げ豆腐を買い、やす美とふたりで分けて食べた。「どうってことない揚げ豆腐なのに、なんでこんなに美味《おい》しいんだろう」と何度も何度も噛みしめたそうだ。

するとやす美が「喉が渇いた」というので、たまたま羽織のポケットに入っていた牛乳を飲ませた。すると、シミになるほど大きく服に牛乳をこぼしてしまったやす美に、思わず「何やってるの！」と、大きな声で叱ってしまった。

どこも行き先がないのに、子どもを連れて家を飛び出してきてしまった不安で、いらだっていたのだろう。まだ小さかったやす美は、「ごめんなさい」と謝り、大きな声で泣き出してしまった。

このとき、やす美に八つ当たりしてしまったことを、やす子さんは長年にわたり後悔している。

「あの子には、本当に申し訳ないことをしたわ」と、何度も何度も何かの折に思い出している。当のやす美は、あまり覚えていないようだけど。

やす子さんとやす美は何時間か外を歩き回り、重い足取りで仕方なく、家に帰っていった。

すると家では、静夫さんが女をまだ居座らせて、ふたり楽しそうに酒盛りしていた。そのとき僕が家族だったら、遠慮なく怒っていただろう。静夫さんは俗に言う、清々しいほどのクズ男だった。


やす子さん、申し訳ないなんて、これっぽっちも反省しなくていいのに。静夫さんがすべて悪い！　若気の至りとはいえ、とんでもない親父だ。女にだらしないわ、お金や物を人にあげちゃうわ、静夫さんとの結婚生活は、苦労の連続だっただろう。

やす子さんと同居するようになって、僕と話していたとき「真剣に離婚しようと思ったこともあるわ」と告白されたこともある。

でも結局、別れなかった。夫婦揃って70代を迎え、おそらくこのまま添い遂げられるだろう。結局のところ、やす子さんは静夫さんが「家族を一番に、大切にしてくれる」ところを、最終的には信頼できたのだろう。

静夫さん、行動も言葉も自由奔放ではあるけれど、家族に対する深い愛情はずっと揺るがない。娘を否定したり、精神的に苦しめることはしない。褒めて、守って、たくさん一緒に遊び尽くしているし、僕の娘にも同じように愛情を注いでくれる。

今でも静夫さんは、家族について話すと「娘が生まれてきたときは本当に、嬉しかった。かわいくてしょうがなかった。娘の誕生は、人生で一番幸せなご縁だ！」と、目を細めて言う。クズだったけれど、根はいいパパなのかもしれない。

そんな静夫さんに対し、やす子さんは心底腹が立っても、許していた。いや、本当は許してないんだろうけど。

「娘たちもいるし、我慢しようか」と、出ていく判断を先送りにしてくれて、いつの間にか、半世紀近く静夫さんのそばにいる。

やす子さんの寛大な心と大きな慈愛こそ、家族の平和には不可欠で、静夫さんの人生を幸せにしてくれた、一番の宝物だったと思う。

矛盾と愛憎を抱えて
一緒にいるしかない

「夫婦ってまるで漫才コンビみたいですよね」

なんて、例えられることがよくある。

ナイツの場合、僕は相方の土屋伸之とは、特に仲が良くも悪くもない関係だ。もちろん信頼はしている。だけど、人間だから長年一緒にやっていると、嫌な部分だって見えてくる。それは相方のほうもきっと同じだろう。

かといって解散＝離婚はしない。これまで支えてくれたスタッフさんも大勢いるし、何より漫才は、ふたりでやるものだから。

長年かけて、たくさんのネタを築き上げてきた。僕と土屋、どちらかが欠けていたらやってこられなかっただろうし、ナイツは成立しなかった。これからもきっとそう。いつまでも、コンビで漫才を続けていくだろう。とはいえ、やっぱり腹が立つこともたまにはある。

土屋には土屋の言い分があるだろうから、面と向かって、ぶつかったりはしない。それこそ、不毛な夫婦ゲンカになるから。

夫婦のバランスは、仕事の分担ができていればこそ。いきなり土屋がネタの台本を書くようになったり、静夫さんが家事や掃除全般をやるようになったら、それはそれで据わりが悪いというか何か違う。

理屈に合わない矛盾と、たくさんの愛憎を抱えながら、何年も一緒にいるしかない。漫才コンビと夫婦は、やっぱり似ているとすら思う。

いろいろとあったけれど、僕は土屋に、とても感謝している。土屋も感謝してくれているはずだろう。長年かけて築いてきた感謝は、決して失われない。今後も命が尽きるまでは、コンビでずっと、やっていくつもりだ。

静夫さんも「妻には、感謝しかありませんね。彼女の作ってくれるご飯を食べられるのがとても幸せ。一番、美味しいです。ただただ、ありがたいと思っています」と言う。

そう言っておかないと、ご飯作ってもらえないしね。やす子さんが見放したら、今の静夫さんだったらひとりで生きてはいけないだろう。

若いときにどんなに力を誇示しても、男というものは最後、妻の手のひらで転がされる。守っているようで、実は守られている。それが夫婦の行き着く形ではないだろうか。

奥さんは静夫さんに「パパが家でやってきたいろんな悪事を、いつか年表にしてあげようか?」と言ってよくからかう。

静夫さんは、娘にからかわれるのが嬉しいのか「やめろよ〜ギギギギ」と笑っている。笑ってはいるけれど、半分本気で嫌だろう。特にやす子さんに対しては、笑って済まされないようなことばかりしてきた。それが家族のもとで記録化されるのは、たまらないだろう。

後々になって、悪事を蒸し返されないよう、妻には感謝を忘れてはいけない。僕自身の夫婦関係でも、肝に銘じておきたい。

静夫さんはよく、奥さんたちに「宝くじが当たったら、1000万円ずつ分けてあげるからね!」と気前よく言っている。

いや、奥さんにくれるのもいいけど、真っ先に、やす子さんに分けてあげるべきだ!

静夫さん、もっとやす子さんに感謝を示して! と、ここで強く言っておく。

第3章

静夫さんと暮らし

勝手に閉まるシャッター

「ねえ、鍵をかけないでよ！」

「あぃあぃ」
「本当にわかった？」
不毛なやり取りを耳にしてしまった。静夫さんがまたシャッターの鍵をかけてしまったようだ。奥さんが怒っている。

我が家の車庫にはシャッターがあり、手動ではなく家の中からリモコンで閉められる構造になっている。開け閉めにまあまあ時間がかかるので、頻繁に車を出す用事があるときは、だいたい開けっぱなし。車を使わないときはいいんだけど、防犯意識の高い静夫さんはこのシャッターをすぐに閉めてしまう。

仕事から車で帰ってきて、すぐに車で外出しないといけない場合、わざとシャッターを閉めないで準備する。「じゃあ行こう」と外へ出ると、もうシャッターが閉まっている。深夜でもお構いなしで、僕が気づかないうちに静夫さんはすかさずシャッターを閉める。いつ起きていたんだ。こちらの行動を見張ってるのかどうかはわからないけど、24時間いつでも忍者並みのスピードでいつの間に。

静夫さんはシャッターだけではなく、家の鍵閉めに対しても厳重だ。

うちは基本的に、全員が出かけた後に閉めるようにしているんだけど、静夫さんだけは誰かが出かけるたびに、いちいち閉めてしまう。ゴミ出し、奥さんが子どもの幼稚園のお迎えに行ったり、鍵を持たずにちょっとだけ外出するとき。そういう「ちょっと」の用のときも、ガチャンと施錠する。ついでに、車庫のシャッターも下ろすから、誰も気軽に外へ出られやしない。

出かける前に「静夫さん、鍵をかけないでよ！」と言《こと》づてしても、すぐに閉めきってしまう。

やす子さんが散歩に出かけて帰ってきたら、門が閉じられていることはままあることで、そのたびにやす子さんがインターホンで「やだ、閉め出されちゃった」と、助けを求めている。だから頻繁に「家族が出かけるたびに、毎回シャッターも鍵も閉めなくていいですからね」とお願いせざるを得ない。

静夫さんったら、そのときだけ「あぃあぃ」ってわかったように頷《うなず》くんだけど、まったく効果がない。忘れてしまっているのかもしれないけど。

「パパなりの防犯アピールじゃないのかな」

なんで閉めちゃうんだろうと疑問に思い、奥さんに聞くとそう答えた。よくよく聞くと深夜1時になるとシャッターの開け閉めをしているそう。なんなんだ、威嚇《いかく》かなんかなのか。この街はずいぶん物騒になったもんだ。

静夫さんへは、「うちは防犯をしっかりやっているから大丈夫ですよ」と言っても、一向に止める気配はない。姿の見えぬ周囲の不審者へ牽制《けんせい》をしているようだ。まあでもこのご時世、必要な防犯意識のような気がする。

静夫さんは若かりし頃、「家族を守れるのは、俺だけなんだ!」と豪語していたもんだから、老いた今でもその思いが強いのだろう。だから、常に過剰な鍵閉めをしてしまうのかもしれない。

今でも一日一回、外に出て、家の周りを見回っているようだ。誰か怪しいやつはいないか、目を光らせて歩き回っている。足腰の弱ったおじいちゃんだから、もし本当に変な手合いが来たら真っ先に守ってあげないと。気持ちはありがたいけど、僕は心配で心配でたまらない。

永遠に語れる
宇宙・生命の話

「宇宙の構造は、どうなっているか知ってるか？」

「はい？」

「人生の本当の意味って、なんだかわかるか？」

「……」

静夫さんが、飛び込み営業に来た販売員に、質問攻めしている。お笑いの舞台でも見たことのない滝のような汗をかいて、無言になってしまっている販売員さん、本当に申し訳ない。

何を隠そう、静夫さんはサイエンスの話が大好き。

今日みたいに訪ねてくる人がいれば、親戚や知人など関係なくサイエンス質問をふっかけてきて、延々と持論を語りだす。

時間があれば、部屋にこもって宇宙や哲学について、たくさん専門書を読み、知識を蓄えている。ブラックホール、物質の原子構造、ニュートリノ、ダークマター、生命の誕生……サイエンスの話をするときは、少年のように目がキラキラと輝き、放っておくと平気で何時間も話していて、まったく疲れないようだ。

静夫さんの話は難解なうえに、あっちこっちに話が飛ぶ。それに、同じ話がぐるぐるループする。「聞きましたよ、それ」と指摘してもお構いなし。いったん話が始まると、もう際限はなし。病気や頼み事など、普通の話をしている間も、なんとかして宇宙・生命の話をねじこみ、話の主導権をさらっていく。とにかく話したい、伝えたい欲が尋常じゃないのだ。

体の健康を気遣って、静夫さんは足のケアのために理学療法の先生に来てもらっている。いかにも好青年というようないでたちの若い先生が来てくださるんだけど、マッサージを受けている最中も、変わらず宇宙の話を繰り広げる。

「先生、宇宙ってどうなっているか、わかりますか？」

「うーん、よく知りませんねえ」

「いいですか、宇宙というのは1250億個の銀河があって、ミクロとマクロが重なり合っていてね……」

「ええ、はあ……。なるほど」

先生の額から脂汗がじわりと滲《にじ》み始めている。仕事だから、という理由もあるんだろうけど、静夫さんのサイエンス話に合わせてくれている。話がだんだんスピリチュアル方面へ寄っていくと、お兄さんは「もしかしたら変な思想を教えこまれるのか？」と勘違いして、顔が引き攣《つ》っていた。まあ突然そんな話を振られてしまったのだから、無理もないだろう。一方、静夫さんは「宇宙の話、楽しくできたんだ！」とご満悦。ここまで思いがすれ違うこととってあるんだろうか。

糖尿病の観察で病院に連れていくと、診察中も静夫さんは医者にサイエンス話を振っかける。

「先生！　人の心臓は、どうやって動いているか、知ってますか!?」

相手は循環器の専門医なんだからそりゃ知っているだろうし、誰に聞いてんだって話なんだが、そこは医者の先生、患者対応のプロだった。

「心臓は、電気で動くらしいですよ」

「電気なんですか！　それは面白い！　もっと詳しく教えてください！」

話したいだけじゃなくて、聞きたがり。とにかくサイエンスについて考え、学ぶことが、静夫さんは好きでしょうがない。

知識をひけらかしたいわけではなく、サイエンスの素晴らしさを共有したい。一緒に学び合いたい。自分が感動している世界の理《ことわり》を、他人と分かち合いたい。その想いがあって、相手に喜んでもらいたい気持ちも強いから、話好きなのだ。長くてループするし面倒だけど、その思いのおかげか静夫さんの話は不思議と不快にはならない。

奥さんに聞くと、静夫さんは昔から、宇宙の話が大好きだったようだ。

「お前たちは広い宇宙にたったひとつの命だ。奇跡の存在なんだよ」

「宇宙規模で物事を見なさい。広い目でとらえなさい」

「地球のそこらじゅうに宇宙人はいる。お前たちも、向こうからすれば宇宙人なんだぞ！」

と、壮大な話を普段から語っていたそう。

奥さんが子どもの頃、静夫さんは「星を見に行こう！」と、子どもたちを夜の公園に連れ出した。広場に遠足用の敷物を敷いて、静夫さんと妻たち三姉妹は並んで寝転び、一緒に夜空を見た。都会の空だけれど、天気や季節がよければ、美しい星々が見える。

静夫さんは星を見つめながら、

「あの星たちは、宇宙のはるか向こうにある。気の遠くなるような距離を超えて、いま光が届いているんだ」

「俺たちは、広い広い宇宙の中で、いろんなご縁をいただき、生かされているんだ」

「俺たちは、みんな宇宙の一員なんだぞ！」

など、ロマンあふれる話をした。

タクシー運転手ではなく、天文学者のような印象を持ったと奥さんは話している。

根っこがロマンチストだからか、奇跡というものをすごく大切にしているようだ。公園での天体観測は、特に小さかった奥さんにとってお気に入りのイベントだったようで、静夫さんが「星を見に行こう！」と提案すると、家族の中で真っ先に「行く！」と、飛びついた。

宇宙への畏敬《いけい》の気持ちは、奥さんたちにも自然に受け継がれ、今でも姉妹のグループLINEで、満月の夜には「お月様がきれいだよ」と、姉妹同士で報告し合っているようだ。星空がきれいな夜は、子どもたちに「見に行こうよ」と、誘ったりする。引き継ごうと思っていなくても、静夫さんイズムは娘、そして孫たちにも引き継がれているのだろう。

静夫さんの思考は、常識にとらわれておらず、スケールが大きい。「世間的には」「常識では」といった狭い縛りで、子どもや他人に説教するようなことは決してない。空気を読んだり、他人の顔色をうかがったりもしない。卑屈なところも一切ない。偉ぶらないけれど、威厳ぶかいおじいちゃんともいえる。

感動したい、学びたい、人と喜びを共有したい欲は、老いても衰えない。宇宙の話を始めると、静夫さんは「ねえねえ！　聞いて！」と、少年が家族をつかまえて喋ろうとする感じにそっくり。10歳の男の子の真っ直ぐな好奇心と、未知なものを求める冒険心が、まったく失われていない。

よく解釈すれば、宇宙・哲学トークは静夫少年からの、感動のプレゼントなのかもしれない。

偏食家の食卓

「このゴミはなんだ」

庭いっぱいに広がるサッポロ一番の袋麵のパッケージ。カラスの仕業？　そうだとしても断片的にうちの庭だけ狙うことがあるんだろうか。

すると、台所から両手いっぱいにキラキラとひかる、薄っぺらいサッポロ一番の袋を持つ静夫さんが現れた。

「きれいでしょう！」

「お義父さん、なんですかこれは」

「ポロイチの袋で作った飾り。カラス避《よ》けに使いたいんだ」

静夫さんの大好物は、サッポロ一番の袋麵。それも定番の醬油味。僕らはそれを「ポロイチ」と呼んでいる。

好物というよりも、もはや主食ではないかと思ってしまうほどよく食べる。具はだいたい卵だけ。ラーメンを2玉、卵も2つ割って入れ、ジャンボラーメンにしてずるずる啜《すす》っている。ほぼ毎日食べるので、ポロイチの空き袋が大量に出る。

「まさか、ゴミ袋をカラス避《よ》けとして有効活用しようって魂胆ですか?」

「SDGsだよ」

「やかましいな」

静夫さんは環境問題に対して真っ向で向き合いながら、真剣な思いでこのポロイチの空き袋を植木の枝に何枚もぶら下げている。あまりに間抜けな光景だったので、Twitterに上げてみたら、なんとも絶妙な1500以上の「いいね」がついた。

団地住まいのときも、好きなときに自分で麵を茹《ゆ》でて、ポロイチを食べていたよう。ポロイチを食べるだけではおさまらず、食べてもらうのも好きで人々に振る舞っていた。

奥さんの友だちが遊びに来たときも「どうぞ！」と、ポロイチジャンボラーメンを作って出した。丁寧にフタはしてあるけど、丼の縁まで麺と汁が、なみなみに盛られていた。運ぶときになみなみに盛られているからか、静夫さんの親指がもれなくトッピングされていた。

奥さんの友だちが「お腹いっぱいだから結構です」と断っても、「遠慮せず食べなさい！」と、ぐいぐい勧めてきたそうで、陰では「ポロイチおじさん」と呼ばれていたらしい。奥さん、恥ずかしかっただろうな。しかしどういうわけか、陰であだ名をつけられたとしても、静夫さんのポロイチラーメンは大好評だった。

「お父さんの作ってくれたラーメン、美味しかったね」
「お父さん、元気してる？」
口々に父親の安否を確認されるからか、奥さんは子ども心ながらに「なぜパパはみんなに好かれるんだろう」と疑問に思っていたようだ。

普段の生活を見ている限り、静夫さんの主食はポロイチ、豚肉と相場が決まってる。それに、野菜を一切食べない。口にする食事は、ポロイチ以外だと100%肉。それも豚肉ばかり。本人は「野菜も好きで食べるよ」なんて言うけど、ほぼ限りなく嘘だ。唯一食べられるのは、マヨネーズを大量にかけたアスパラガスだけ。

静夫さんは台所で、しばしばニンニクと豚肉を炒めたオリジナル料理を作り、僕に振舞ってくれる。

「のぶたん！　食べてよ！」

「いいんですか、ありがとうございます」

一口食べると、塩の塊を口に入れてるんじゃないかと錯覚するほどの塩分量。尋常じゃない。ビールのつまみにはいいのかもしれないけど、あんまり酒飲まないしなあ。こんなものを毎日食べて、血圧が下がるわけないんじゃないか。

だからかはわからないけど、風船のように腹が出ている。見た目からして、だいぶ不健康な感じ。もっとヘルシーな食生活に改善しないといけないと思い、言葉にして注意しようとしても、幸せそうにポロイチと豚肉を食べている様子を見ると、強くは言えなくなってしまう。

それに、尋常じゃないほどのマヨラー。油脂だらけのマヨネーズを何にでも大量にかけて食べているから、健診で何かしら引っかかったのだろう。

それをみかねたやす子さんから、数年前に「マヨネーズ禁止令」を出されてしまった。静夫さんの小さな体がまたさらに小さく見えるほど、ひどく落ち込み、しゅんとして「やす子の言うことだから」と素直に従っていた。以来、マヨネーズを控えるようになり、好き嫌いなく食事をするようになった。

そんなある日、僕が家にひとりで居るときを見計らって、静夫さんがすり寄ってきた。

「ねえ、のぶたん、一生のお願いがあるんだけど」

出た。もう数億回も耳にしたであろう一生のお願い。今日は一体どんな無理難題をお願いしてくるのだろう。

「のぶたん、お金貸して」
「はい？」
「マヨネーズを買いに行くから、300円貸して」

案外軽い要望だった。しかし、懇願。僕は菩薩《ぼさつ》じゃないんだから、そんなに手を合わせなくても大丈夫なのに。やす子さんのいない間に、素早くマヨネーズ食を楽しみたいんだろう。けれど、300円って。小学生のおねだりか。

「静夫さん、お金ないんすか？」
「ない！　だからお願い！」

これまでにない剣幕で、真剣に頼みこんでくる。あ、これはふざけてんじゃないな。あれだ、またマジのやつだ、と察知した。

また僕の悪い癖で好奇心ゆえ、静夫さんに1000円札を渡してしまった。

「本当にありがとう！」

静夫さんは深く拝みながら、最大の感謝と御礼を告げると、自転車に乗ってすごい速さで出かけていった。

ほどなく静夫さんは、満面の笑みで帰宅した。自転車のカゴには、マヨネーズとアスパラが乱暴に入っている。

「健康のためにマヨネーズを禁止されたけど、逆に野菜を食べられなくなっただろう！」と、本人は納得いってなかったようだ。

静夫さんはやす子さんのいない隙に、マヨネーズたっぷりのアスパラを、バクバクと食べていた。めちゃくちゃ嬉しそうでご満悦。僕はきっと、これから帰ってくるやす子さんに共犯者として叱られるだろう。だけど、別に構わない。義理の息子から小銭をせしめて、アスパラとマヨネーズだけ買ってくる義理の父の笑顔。これを見られただけで嬉しい。ささやかな喜びで幸せを感じられる人なのだと感動すらする。

しばらくするとやっぱり、静夫さんのマヨネーズが見つかり、やす子さんにきっちり叱られていた。

「ごめん、許して！　僕が一番食べたいのは、やす子の角煮だ！　世界で一番美味《うま》い！」

やす子さんの怒号の間から、ものすごい角度でヨイショする静夫さんの声が聞こえた。新たな好物を知ることと共に、もっと別のやり方があっただろうと呆れてしまったのであった。

顔面血まみれの美容ケア

「ど、どうしたの？　顔面血まみれじゃん！」

静夫さんの頬骨と額のあたりが、何かで引っ掻いたみたいに傷だらけだ。奥さんの驚いた声色も無理はない。おまけに血まみれだ。

「転んじゃったの？」と聞くと「違う」
「引っ掻いちゃった？」と聞いても「違う」
「ぶつけたの？」としつこく聞いても「違う」

否定ばかりの静夫さんに痺《しび》れを切らした奥さんが、「じゃあなんでこんなに血まみれなのよ！　ちゃんと理由を言ってよ！」と大声で問いただした。

モゴモゴと否定ばかりでしらばっくれる静夫さんがまた何かやらかしてると勘づいたのだろう。さすがの察知能力。ＦＢＩも驚きだ。ついに奥さんの追及に負け、静夫さんは自白した。

「実はね……これで磨いちゃったの」と、キッチンから真っ白なとある物を持ちだした。

「メラミンスポンジ」だった。

洗剤を使わずに水に濡らして食器をこするだけで汚れが落ちる、台所のお役立ちグッズ。静夫さん、何のタイミングで見つけたかわからないけど、メラミン云々《うんぬん》の表記にあらぬことを思いついた。

「これで磨いたら肌のシミも、落ちるんじゃないかなって思ったんだ」

スポンジ素材のメラミン樹脂と、皮膚のシミの原因になるメラニン色素を取り違え、「磨いたら落ちる」と解釈し、肌をゴシゴシこすってしまったようだ。

新品のメラミンスポンジを取り出し、風呂場の鏡でゴシゴシゴシゴシ……。顔のシミをこすりまくった。もちろんシミ取り効果なんかまったくない。結果的に、顔の皮膚に細かくこすったような痛々しいケガを残してしまった。

「良い子は絶対に真似しないでください！」とテレビだったらテロップが出てしまうほどの痛々しいケガに滴《したた》る血。そりゃあ奥さんも驚いちゃうことも無理はない。

静夫さんの部屋には、血まみれになったメラミンスポンジがあたり一面に転がっていた。かなり痛かったんじゃないだろうか。注射は嫌がるのに、こういう無茶は平気でやっちゃうなんて、やっぱり変わったおじいさんだ。

奥さんにケガの手当てをされながら、「まったくパパは！」と、大目玉をくらい、やす子さんからもコッテリしぼられた。静夫さんは、絆創膏《ばんそうこう》だらけの顔で、がっくりうなだれて涙していた。

それにしても、静夫さんでもやっぱり肌のシミを気にするんだな。若い頃の肌に戻りたいのかもしれない70代の男心が、ちょっとだけ垣間見えた瞬間だった。

ガラスの花瓶

「ドアのガラス割られたかな？」

玄関から、パリーンとガラスの割れる音が聞こえた。
僕が慌てて下の階まで駆け降りると、廊下中に粉々のガラス片が落ちていた。ドアのガラスを見ると、きれいなまま。よかった。しかし、どこからこのガラス片が？　疑問と安堵《あんど》の気持ちで胸を埋め尽くしていると、部屋の奥からしゅんとした顔で静夫さんが現れた。

「あ、花瓶、割れちゃった」
「静夫さんの仕業なの？」

静夫さんが、玄関や家のいたるところに雑草を飾っている話はしたけど、なんと花瓶をガラス製に変えてたようなのだ。

ガラスの頑丈さに乗じて、静夫さんはさらに雑草の束を増加。頼りない一輪挿しの花瓶に大量の雑草を入れたら、そりゃあ風が吹かなくても重みでぐらぐらと倒れそうになるだろう。

「危ないから量を減らすか、プラスチックの花瓶にしてよ！」

と、やす子さんが啓蒙《けいもう》活動を頑張っていたようだけど、ガン無視。

すると予想通り、詰め込んだ雑草の重さに負け、ガラスの花瓶が廊下で粉々に割れてしまった。ガラス瓶は木っ端みじんに割れ、細かい破片が家族みんなの靴の中に、散らばってしまった。

「草木を飾るのは構わないけど、ガラスの花瓶は絶対にダメ！」

やす子さんは叱り飛ばした後、大きなため息をつきながら掃除機を使って、時間をかけて丁寧に、ガラス片を取り除いてくれた。

落っこちたときのリスクを考えて飾りつけしてほしいんだけど、静夫さんは目の前のやりたいことにだけ集中している。もしかしたら割れる心配なんて、微塵《みじん》もないのだろう。

あれだけコッテリしぼられたんだから、もう流石に反省しただろうと玄関を見ると、なんとガムテープで花瓶を固定していた。もはや静夫さんの中で飾らないという判断はないのだろう。ガムテープで固定してまで飾りたいなんて、執念を感じてしまったのだった。

アンチ断捨離主義

「き、汚ねえ」

無意識に出てしまう言葉ほど、人の心理をつく、なんて、どこかの誰かが言っていたように思うんだけど、今、僕はまさしく無意識に言ってしまった。

この部屋はかなり汚い。

静夫さんの部屋は、かなり散らかっている。足の踏み場もない。

サイエンス話を深めるために読んだであろう大量の書物が部屋中に積まれ、考えていることを書き留めたメモが日々積まれていく。積《つ》ん読《どく》ならぬ、積《つ》んメモだ。若い頃に自分で描いた絵も、額装して並べている。ほかにも僕から見たらガラクタだけど、静夫さんにとっては価値のある品々を、ぼんぼんと置いていく。

部屋には押し入れがある。でも、ほとんど使っていないみたいで空っぽだ。いや、こ

の床に置ききれない物を押し入れに入れたらいいじゃないか。そう静夫さんにも言ったことがある。すると静夫さんは、

「部屋にはルールがある。置き方にも意図がある」

と断言していた。いつもカレンダーの裏に書いた殴り書きを投げるように置いていたのに？　そう追及してしまいそうだったけど、まあそういうことなら放っておくことにした。にしてもだ、汚い。言葉を選ばずに言ってしまえば、ゴミ屋敷同然だ。全然、掃除に着手しない。雑然としたまま放置。で、押し入れは空っぽ。そういう状態が長く続いた。


僕の両親はふたりともきれい好きで、家の中はすっきりと片づいていた。僕の家庭でも奥さんが丁寧に家を掃除しているから、すごくきれい。住むところは整理整頓することが普通だという感覚で生きてきたので、静夫さんの「片づけなさ」は、けっこう衝撃的だった。

「お義父さん、この荷物、ここに置かないといけませんか？」

「え？」

いつも部屋のインテリアを指摘するときょとんとされる。静夫さんのインテリアの感性では、好きなように物を置いて何が問題なのか、本当にわからないんだろう。

静夫さんにしたら、まったく散らかっているようには思っていないんだろうな。大量の物にあふれた状態が普通なのだろう。断捨離の境地とは真逆の、ゴミ集め生活としか言いようがなかった。


とある日のことだった。我が家のエアコンは、全館空調システムになっているけど、真冬は、温度を一定に保っているからかあまり暖房の温度が上げられない。ちょうど1階の角に部屋を持つ静夫さんが、外気のせいで寒さで凍えていた。

あんまりにもかわいそうなので防寒のために、オイルヒーターを買ってプレゼント。

「ありがとう、すごくあったかい！」と、買ってあげた当初は、喜んでいた。そう、買ってあげた当初は、だ。だんだん時が経つにつれ、あっという間に、静夫さんの出すガラクタの中に、呑み込まれていった。

オイルヒーターはまったく暖房として使われず、服を引っかけるハンガー代わりになっていた。まるで、片づけ嫌いの華麗なる無駄なテクニックを見せつけるかのように。

僕の部屋も暖房が弱くて、冬はかなり寒い。だから、もう使っていないであろうオイルヒーターを使わせてもらおうと、静夫さんに頼んだ。


「お義父さん、ヒーターを返してもらっていいですか？」

「ダメだよ！」

「なんでですか。もう使ってないでしょう」

「ハンガーを掛けやすくて、一番いいんだ！」


だから、物を吊すラックじゃないの！　返さないなら、せめてヒーターとして使ってくださいよ！　その前に、危ないから部屋を片づけましょうよ！　と、いろいろ言いたくなるところをグッと堪《こら》えた。

今でもオイルヒーターは、静夫さんの部屋の便利なハンガー掛けになっている。値段もまあまあ高かったのに。

僕やほかの家族が「本当に迷惑だから、一部だけでも片づけて！」と頼み込めば、静夫さんは渋々従ってくれるだろう。

捨てないし整理しないし、静夫さんの物は増える一方だ。散らかりぶりは家族としては憂鬱《ゆううつ》になるけど、たぶん静夫さんの中ではゴミでも意味があるし、何らかの秩序で整理しているのだろう。

意外と鋭い観察力

「事実じゃないのは嫌。俺は本物が好きなんだ!」

何を言ってるんだ、と思わずツッコみそうになってしまったけど、静夫さんは確かにそう言っている。

「どういうことですか」

「テレビの話だよ! 漫才もドラマも、つまんない」

静夫さんは普段からニュースをメインにネイチャー番組をよく観ている。奄美には帰れないぶん、テレビで少しでも自然豊かな故郷を懐かしんでいるのだろう。雄大な自然の風景を見ていると、気持ちよくリラックスできるそう。

あと歌番組が大好き。昭和歌謡の名人たちがわんさか登場する特集番組を、楽しそうに観ている。お気に入りの歌手は美空ひばり、畠山みどり、村田英雄、三橋美智也など。小林旭の『北帰行』は、静夫さんのフェイバリットソング。

僕たちナイツが出ている関係で、近年のバラエティ番組は一応チェックしているそう。しかし、あまり面白くはないようで、僕らの出番が終わるとすぐ、ニュースにチャンネルを変えてしまう。

僕の漫才師という仕事はきちんと理解しているけど、笑いのセンスが何世代も違うようで、「どういうお笑い？」と画面越しにツッコんでいる。今の芸人たちのひな壇トークやネタ番組には、ほぼついてこられないみたいだ。

ドラマも同じ。ちょっと観ては、すぐ飽きている。感性の違いもあるけど、人のクリエイティビティで生み出されたものが、静夫さんにとって好みではないようだ。

変にお笑いに興味がないから、僕の仕事とはいい感じに距離を取ってくれていて助かっている。しかし以前、ちょっと驚く出来事があった。

ＮＨＫの某歌謡コンサート番組の生放送に、ナイツで出演させていただいた。番組の進行は台本できっちりと決まっていて、司会の人との受け答えやボケも、すべて台本通り。台本に従ったリハーサルも綿密に行い、アドリブは基本できない感じになっていた。

それはそれで正しく成立しているお仕事だから、僕らは何も異存はない。番組の途中、某大物演歌歌手のＩさんと、ナイツとの絡みがあった。ちょっとしたボケに「なんでだよ！」とツッコむオチまでのひとくだりが、台本通りの１セット。僕たちは、そつなくこなしたつもりでいた。

仕事が終わり、家に帰るとすぐに静夫さんが出迎えてくれた。生放送を見ていたようなんだけど、静夫さんはずっと首をかしげていた。

「のぶたん、Ｉさんとのやりとり、なんだったの？　いつもののぶたんらしくなかったけど」

「はあ……、そうですか？」

「もうちょっと、堂々とやったほうがいいんじゃないの?」

ちょっとだけムッとしてしまった。

「台本で決まってる仕事ですから」と、やりすごそうとすると、「いや、台本かもしれないけど、あれはいけないよ」と、食い下がってきて、ダメだしを続けてきた。

もううるさいなあ。少しだけ本気で、イライラしてきた。滅多に僕の仕事への感想なんて言うことないのに。

「はいはい。わかりました」と、何とかスルーしようとすると、静夫さんはまだ「あれはおかしいよ」と言ってくる。

しかし、僕に対してお笑いの意見を突きつけるのは、ちょっと踏み込みすぎなんじゃないか。相当ナイーブで、家族でも触られたくないところだったのだ。

「いい加減にしてくださいよ! 台本なんだからしょうがないでしょう! そういう大事な仕事もあるんですよ!」と、僕も珍しく声を荒らげた。帰ってくるなりすぐに言うもんだから、怒りが募ってしまったのだ。

だけど、実は静夫さんの意見が刺さっていたのも事実。僕もIさんとの掛け合いは、台本の段階で「これ面白いのかな?」と多少疑問を感じていた。そんな迷いを静夫さんは、敏感に察したのかもしれない。

「のぶたんらしくない」というのは、普段からナイツを見てくれているからこそ言える言葉。あながち的外れではないダメだしだから、よけいに僕はイラついてしまった。


声を荒らげた僕に、静夫さんは怯《ひる》むかと思ったら、そんなことはない。むしろ堂々と「台本だからって、そのままやっても、面白くならないでしょ。自信がないの? ただ演歌歌手に、ビビってたんじゃないの?」なんて、さらにツッコんできた。かなり芯を食っていて、ドキッとした。

まさか義理の父に芸人のアキレス腱、いや、攻められたくない心のド真ん中を突かれるなんて。ダメだしをしてくる静夫さんは、眼光がいやに鋭く見えた。あんな顔は見たことがない。僕も怒ってはいたけど、正直ちょっと怖かった。

相手が傷つくかもしれない可能性よりも伝えたいことを優先し、ずけずけと物申す静夫さんのしつこさに、ちょっとだけ手を焼いてしまう。欠片《かけら》ほどの悪意もなく、とにかく自分の思うがまま、言いたいことを言って、やりたいことをやる。これはもう性格だから、変えることはできないだろう。

でも、ストレートに芯を食う、的確な観察眼も持ち合わせている。普段は滅多にその顔は見せないけど、意外と侮《あなど》れないおじいさんだと見直した。

抗えないDNA

「ちょっと！　勝手なことしないでくださいよ！」

電話に向かって一目散に駆け出す静夫さんの背中に、僕の声がいくつも刺さった。それでも静夫さんは振り返らず、固定電話に向かい、０９９７……とダイヤルを押し始めていた。

事務所の粋な図らいで1週間ほど、春休みが取れることになった。休みときくと大抵の人は浮き足立って大喜びするもんなんだろうけど、正直に言ってしまえば、僕は休みが苦手だ。苦手というか、空いた時間をどう潰したらいいかわからなくて、いつも手持ち無沙汰になる。でも、だからといって、忙しいことが好きかというとそういうわけではないのだが。

さて、今年の春休みはどうするか。考えあぐねていると妻から思いもよらない提案があった。

「奄美大島に行ってみない？」

「え？　奄美？」

奄美か……。この本を書き始めてから静夫さんとたくさん話すようになって、そのたびに奄美大島の話を聞いている。

奄美の話をするたびに静夫さんは「自然がいっぱい！　海もきれい！　のぶたんにも見せてあげたい！」と、楽しかった思い出を噛み締めるように微笑《ほほえ》んでいた。確かにこの目で自然や海を見てみたいし、静夫さんのルーツも気になる。

しかし、娘たちはどうだろうか。恐る恐る提案してみると「奄美に行きたい！」とすぐに賛成してくれた。満場一致、春休みは奄美大島へ行くことにした。

奄美にいくことが決まったし、静夫さんに伝えなきゃと重い腰を上げたら、やす子さんがすごい剣幕で駆け寄ってきた。

「のぶさん、出発までまだ時間あるでしょう？　まだ静夫さんに言っちゃダメよ」

「なんでですか？」

「だって！　すぐ奄美中の知り合いに電話しちゃうから！」

知り合いに電話なんて、たかがしれているんじゃないかと思っていたけど、なんでも奄美大島は誰しも友人のように仲がいいそう。だから、ひとりに話すと島中の人がもうすでに知っている状態のようで、「のぶさんが行ったら、行く先々で数百人が常についてきちゃうよ」と脅かされた。それはマジで勘弁してほしい。プライベートなくなっちゃうじゃん。

とはいえだ、黙っていくのもなんだかかわいそうだから、出発の2日前になって静夫さんに報告した。

すると、一目散に固定電話に向かって駆け出し、静夫さんがダイヤルを押し始めた。

「もしもし、幸夫さんですか?」

「幸夫?」

電話中の静夫さんの横で、初めて聞く名前に驚いて僕が尋ねると、おどけた表情で「しー!」と唇に人差し指をあて口封じしてきた。普段は逆にうるさくしているくせに。なんなんだ。ちょっとむかつく。

話をよくよく聞くと、幸夫さんは、静夫さんのお兄さんのようだ。今でも奄美にお住まいで、英語教師をし、校長先生まで勤め上げた。今は三線《さんしん》の名人で教室まで開いている。

僕が奄美に行くと聞いて、静夫さんは大張り切り。幸夫さんの元へ訪ねるように勝手にセッティングしている。

「ちょっと！　勝手なことしないでくださいよ！」と止めてもなんのその。旅行の予定が静夫さんによってあれよあれよといううちに埋まっていった。まあ暇があっても手持ち無沙汰になるだけだから、助かることは助かるけどさ。


ついに、旅行当日。奄美空港に着くと、ゆったりとした時の流れに朗らかな風が僕をそっと包み込む。無条件で癒されながら「ここが静夫さんの故郷か」と思うと、ちょっぴりワクワクもしていた。


静夫さんに託された殴り書きのメモを頼りに、幸夫さん家へ向かった。

幸夫さんの家と思わしき門の前に立つと、こちらに駆け寄ってくる白髪の老人が。それがまさしく幸夫さんだった。

笑ったときにできる目尻の皺、弾《はじ》けた明るい声、ちょっとした動き……どこをとっても静夫さんにそっくり。それに草木があたり一面にあるところも。静夫さんはきっと、この奄美の様子を猫じゃらしで体現していたんだなと深く納得した。
「ＤＮＡの力ってすごいな」と実感しているのも束の間、さらに血縁関係を感じさせる出来事があった。それは、娘たちに「桃太郎」を読み聞かせをしてくれたときのことだ。

「ローング、ローング、アゴウ……」

幸夫さんは英語の先生をしていたからか、英文で昔話を語り始めた。少し前から英会話を学び始めた娘たちも、「ピーチ太郎」というワードに反応して「桃太郎だ！」と大喜びしだした。
その笑顔に乗せられたのか、幸夫さんが間髪容《い》れずに畳み掛けるように英語で物語を展開していく。この、周りに乗せられて浮かれてしまう感じも、静夫さんを見ているようだった。

ちょっとした所作でも静夫さんに似ていると脳内で検証を続けていると、桃太郎の性別を判断するシーンに差し掛かったときだった。いきなり部屋中に響き渡る大声で放送禁止用語を発しだしたのだ。本当にいきなり。しかも連続して。

はしたない言葉を聴かせないで、と、娘たちの耳を塞《ふさ》ぎたくなる。「幸夫さんダメですって！」と合いの手を入れようとしたら、「はい、というわけでね、性別もわかったところで……To Be Continued!!」と言って強制終了してしまった。

桃太郎って性別判明したら物語が終わるんだっけ？　鬼退治のおの字も出てこないのに？　しかも、「To Be Continued」ってどういうこと？　物語の閉じ方がウサイン・ボルトも驚きの速さ。あまりに唐突だし、終わり方が急すぎる。こうやって自分のペースで話を展開するところも、自分で完結してしまうところも、すべて静夫さんにそっくりだ。誰も話についてこれないじゃないか。

だけど、話し終えた幸夫さんの表情を見ると、奄美大島の青空のように澄み切った笑顔だった。語り終えた達成感をひしひしと感じてしまい、どこか憎めない。むしろ愛らしく感じてしまう。こういうところも静夫さんのよう。奄美に来てもやっぱり僕は、静夫さんのことばかり考えてしまうのだった。

僕の思う最大の親孝行

「私たちのことは気にしないで。好きなように自分たちの生活を大切にしてね」

僕の母親はいつもそういって励ましてくれる。

漫才協会の師匠たちが老いに対して抗えないように、僕たちの両親もどんどん年老いてゆく。僕が親の老後についてあれこれ思案していることは、実の親自身も十分に知っていた。そう気回ししてもらえることが嬉しい半面、心苦しさも感じていた。

母親の心遣いがとてもありがたいんだけど、そう遠くないうちに、親の衰えが進むことはわかっている。僕も兄貴たちも、親不孝ばかりしてきたと自覚している。お金、生活、心の面で、たくさん助けてもらった。

いちおう毎月、送金したり、暇を見ては実家に顔を出したりはしているけど、親からもらった愛情や手間に見合ってないというか、どう御礼を返そうとも「弱い」気がしてならない。老いていく親に対し、十分なお返しができていないことが後ろめたい。

芸人としてある程度は成功できたし、社会的に認められるようになっても、親不孝をさんざん重ねてしまった後悔は今も消えていない。

親の介護まで見越した終《つい》の棲家《すみか》を提供すること。それが息子の僕らにできる大きな恩返しなのではないだろうか。

親のほうは「気持ちだけで十分」と言うけど、恩返しするのも子どものわがままみたいなもの。しょうがないなぁと手のかかった頃と同じように、受け入れてほしいというのが本音だ。

親の最後をどうするか悩んでいた頃に、同じく静夫さんの家でも、親の老後問題が出てきた。考えた末の結論は、静夫さんとやす子さんと住む二世帯住宅を建てることだった。

いろいろな要因で僕の両親と一緒に暮らすのは難しそうだ。ならば代わりに、というわけではないけど、静夫さんとやす子さんと一緒に暮らし、最後まで見守れる「終の棲家」を提供するのが、僕の納得のゆく決断だった。

やす子さんは本当に気が優しくて、僕の3人の子どもたちが大好き。ぐずっても騒いでも優しく接してくれる。やす子さんが安定して「穏やかないいおばあちゃん」でいてくれるのも、同居の決め手のひとつだった。

両親にしてあげたかった親孝行を、大切な妻のご両親にして差し上げることで、ずっと感じていた親不孝の負い目を埋めることができる気がした。

実の親に対して胸を張れるというか、文句はないはず。これならもう「弱い」と感じなくて済む。

二世帯住宅は僕と妻、どちらの親にとっても最適の判断ができたと、あらためて思っている。新しく建てた家も実家からすごく離れているわけではないので、いつでも顔を見せに行けるし。

僕にとっては、静夫さんもやす子さんも、大切な両親だ。一日でも長く元気でいてほしい。静夫さんの面倒を見ながら、実の親に孝行を少しずつ返している気持ちにすらなる。

二世帯の家で毎日賑やかに過ごしながら、僕は我孫子《あびこ》の両親とも強くつながっているようにも感じている。

「のぶさんがパパとママを引き取ってくれると言ってくれて、本当に嬉しかった。ありがとう」

と、奥さんから、たびたび言われる。いやいや、全然御礼なんて要らない。僕のほうこそありがたい。

まったく予想のつかない行動をしでかす静夫さんと付き合っていくことは、たまに面倒だなあと笑ってしまうこともあるけど、ムコとして面倒くさい役割を引き受けたつもりはまったくない。

きれいに言うつもりはないし、普段は絶対に言わないけど、静夫さんとやす子さんが

「終の棲家」に僕らとの二世帯生活を選んでくれて、本当に感謝している。ありがとうございます、といつも、胸の中で感謝の言葉を伝えている。

おわりに

「老けた顔の青年だな」

静夫さんは、僕と初めて会ったとき、そう言った。いや、あまりにストレートすぎて失礼だな。

第1章でも書いた通り、初対面の段階で奥さんとの結婚はOKしてくれていた。「のぶたんと出会ったのもご縁。世の中のすべては、ご縁だから。ご縁に従って、僕たちは生かされているんだ」と、当時を振り返って言うんだけど、説教くさいと若い頃なら思っていただろう。けれど僕も年齢を重ねて40代半ば。いろんな仕事をさせてもらって、いい出会いも、悪い出会いもあった。

漫才師は心から好きな仕事だけど、楽しいことばかりじゃない。そんな中、いちばん助けになるのは、やっぱり出会った人たちとのご縁だった。静夫さんの言っていることは、あながち無駄な説教でもないと今、噛みしめている。

静夫さんが僕のことを、実際はどう思っているのだろう？

奥さんたちは口を揃えて「感謝しているし、すごい甘えている」と言う。静夫さんは自分の家族に対して、お金の無心をしたり、「あれ買って！　これ買って！」とは、絶対に言わないそう。子どもっぽいわがままを、人生で初めてストレートにぶつけられる息子ができて嬉しいのだろう。たしかに超高いCD全集を買わされたり、数百円貸したり、たびたびお金をたかられているし、まあそういうことなのかもしれない。

ついこないだも、静夫さんにお小遣いを差し出すと「ぶあ〜、ありがとう！」と、もらったお金を額の上に恭《うやうや》しく押し戴いて、大事そうに持っていっていた。

いつでも「ありがとう」と言ってくれる静夫さんは、本当に心がピュア。

変なこだわりとか、物を捨てないところとかあるけど、嘘がなく、攻撃的なところや悪意がない。一緒に住んでいて、ほぼストレスを感じないし、同居して後悔したこともない。

僕も将来、受け取ったものを素直に「ありがとう」と言える、静夫さんのようなおじいちゃんになりたいとすら思っているぐらいだ。

気まぐれではあるけど、たまには静夫さんとじっくり話そうと思うこともある。振り返ると、静夫さんとふたりきりで話したこと、一度もないかもしれない。

家の廊下ですれ違うとき「お義父さん、ちょっと」と声を掛けると、最近、静夫さんは「あぃあぃ」と適当に挨拶して、自分の部屋に引っこんでしまう。もしかしたら、ひとりで過ごしたい気持ちを優先したのかな。少しでも長く、本や新聞を読んで、書き物を残していたいのだろう。

静夫さんは年を追うごとに、生命・哲学への傾倒が深まりすぎて、どんどん会話が専門的になってきている。あまりに難しくて、たまにちょっとかみ合わなくなっている。

だからといって、口を利きたくないわけではない。話せるうちに少しでも多く、コミュニケーションしておけたらたらいいと願っている。

いつか、じっくり話そう。そう考えてはいるけれど結局、まともに話すことなく、介護の段階に入っていってしまうのかな。だから、どうか長生きしてほしい、といつも願っている。

僕もそのうち、静夫さんに似てくるのだろうか。周りからは「のぶさんも、いずれ静夫さんみたいになるよ！」とはやし立てられる。「太陽を浴びているだけで幸せ」とか、そこらの草を持ってきて「宇宙と命を感じる」とか、僕も言い出すのだろうか。想像するに、楽しみな老後ではない、かもしれない。

ささやかな夢がある。静夫さんを故郷の奄美大島に、連れていきたい。

何年後でもいいから実現したい。静夫さんの生まれ育った風景を、この目で見てから、その想いが強くなった。

静夫さんは自分の人生の思いを伝えたい、家族と共有したいと、日頃から強く願っている。今はその意欲で小さな身体を支え、長生きの原動力にしているような気すらする。静夫さんの思いを、後の世代へ伝えることのお手伝い。それができれば、息子になった僕にとって、静夫さんへの最大の親孝行になるんじゃないかと思っている。

静夫さんとの生活は、まだまだ続く。理解不能な行動や突飛なエピソードは、更新されていくはずだ。清水ミチコさんは、そのたびに両手を叩いて大喜びしてくださるだろう。

親孝行の気持ちは頭の隅に置いておいて「またお義父さん、変なことしてるな……」と呆れさせられる愛すべき日々を、面白がっていこうと思う。

協力　長谷川萌
構成　浅野智哉
装画　ちゃず
装幀　松田行正＋杉本聖士
組版　キャップス
校正　みね工房
編集　立原亜矢子

塙宣之（はなわ・のぶゆき）
芸人。1978年、千葉県生まれ。漫才協会副会長。2000年にお笑いコンビ「ナイツ」を土屋伸之と結成。08年以降3年連続でM－1グランプリ決勝進出。THE MANZAI2011準優勝、平成25年度文化庁芸術祭大衆芸能部門優秀賞、平成28年度芸術選奨大衆芸能部門文部科学大臣新人賞、第39回浅草芸能大賞など受賞多数。著書に『言い訳　関東芸人はなぜM－1で勝てないのか』（集英社新書）『極私的プロ野球偏愛論　野球と漫才のしあわせな関係』（ベースボール・マガジン社）『ぼやいて、聞いて。』（左右社）など。

静夫さんと僕

2023年5月31日　第1刷

著者　塙宣之
発行者　小宮英行
発行所　株式会社徳間書店
〒141-8202　東京都品川区上大崎3-1-1
目黒セントラルスクエア
電話　編集（03）5403-4344
販売（049）293-5521
振替　00140-0-44392
印刷・製本　三晃印刷株式会社

ISBN978-4-19-865635-5